한국 한국인 약사

A Brief History of Koreans

약호 25 a 1~50 은 손동완 2025("한국 사람") 1~50장/ 25 a' 1~10 은 손동완 2025(상동) 보론 1~10 을 말한다. 본문의 2018~2024 는 손동완 2018~2024 인데 뒷 날개를 참조하면 된다. 본서의 연대는 가능한 한 BP로 표시하는데 엄밀히 말하면 1950년이 기준이지만 대략적인 연대 1000년전/ 2000년전/ 4500년전/ 9000년전은 2000년을 기준으로 한다고 보아도 무방하다. 그 외 1300년전 도 중요한 시기다. 10000년전, 50000년전, 100000년전은 그다지 중요한 시기는 아니다.

한국 한국인 약사

A Brief History of Koreans

손동완 지음

바른북스

얼마 전에 저자는 “재회”란 제목의 회고록을 낸 바 있다. 그 책의 부록(권말에 다시 싣는다)에는 저자의 그 간의 연구 과정이 소개되어 있다. 저자의 일련의 연구는 한 마디로 한국 한국인 이 누구인가? 로 귀결된다. 2025년에 출간된 “한국 사람”이란 책은 한국 한국인 에 관한 총론에 해당한다. 다만 상당히 포괄적인 그 내용을 좀더 집약적으로 보여주는 글이 필요하다는 독자들의 의견이 있었다. 그래서 이 책은 한국 한국인(위)의 리얼한 역사를 최대한 간략한 방식으로 서술하는데 초점을 맞추었다. 한반도 중남부의 모태 집단이 한반도 3조 를 지나면서 민족 집단을 형성하고 그 집단이 근대를 거쳐서 현대 2국가 로 이어지는 여정은 결코 숨겨야 할 역사가 아니다.

목차

1 유사역사학

현재 남한(대한민국)의 역사학에는 광풍이 불고 있다. 이른바 유사역사학 이다. 어떤 그룹의 역사 연구를 유사역사학 이라 칭하는 것은 분명 실례가 되는 일임이 틀림없다. 그렇지만 그러한 흐름의 역사학은 최소한의 요건마저 갖추고 있지 않아서 그러한 명칭을 부여해도 그다지 큰 문제가 되지 않을 것 같다. 그들은 자신들을 비 강단(아래)이라 규정하는 듯하다. 그래서 인지 그들은 기본적인 역사학의 요건을 갖추지 않아도 된다고 생각하는 경향이 농후하다. 어떻게 보면 그들은 역사에 대해서 아무 말이나 해도 별로 문제가 되지 않는다고 보는 비 지성적이고 비 학술적인 행위를 일삼는데 거기에 대한 반성은 거의 없는 것 같다.

상고사

고대사 또는 상고사 라고 지칭되는 분야에 침투한 그 흐름은 그 사이에 사회 정치적인 세력을 구축하고 있기도 하다. 유사역사학자들은 이른바 강단 의 역사학을 식민주의 또는 반 민족주의 라고 규정하고 무슨 도덕적인 우위를 주장하면서 자신들의 망상(위)을 비판 불가한 것으로 포장하고 있다. 그 이면에는 이른바 반 일본의 종족주의(7)도 작용하고 있는 듯하다. 그 분야에는 퇴직 고위 공무원과 퇴직 대학 교수(비전공)까지 가세해서 가용한 인재는 거의 총 동원이 된 것 같다. 특히 성공한 사업가들은 자금력을 바탕으로 조직을 만들고 심지어는 약간의 경제력이 되는 의사 등의 전문직까지 나서고 있다. 일부 출판계도 그들의 협력자가 되고 있다.

이른바 고조선 은 유사역사학자의 성채인 듯이 보인다. 그 속에 숨어서 온갖 비 이성적이고 비 학술적(위)인 망상을 펼친다. 그들이 말하는 고조선은 신채호(아래)의 고 조선(단군 조선, 고조선 1)일 듯한데 4500~2500년전을 오가면서 제멋대로 설정된다. 그 고 조선(위)은 북한의 고조선(고조선 3)과도 시기적으로 일부 겹친다. 북한의 고조선은 3000~2000년전 사이의 이른바 청동기시대의 고대노예소유제사회를 가리키는 용어다(2). 여하튼 고조선 이란 용어는 2000년전(위)을 기준으로 그 위를 마구마구 포괄하는 용어 라서 수 천년의 시간과 수

천 킬로의 공간을 이리저리 오가면서 구분 없이 사용하기 꽤 좋은 어휘가 된다.

현재 이른바 비 강단(위)의 역사 연구는 한마디로 몰 역사(아래) 적인 것이라 해도 과언이 아니다. 역사의 기본인 시간과 공간 이란 면이 완전히 무시되고 상상 상의 영토 확장(2023 부록)이 무지막지하게 진행이 되고 있다. 그들에게 시간과 공간 이란 것은 마치 엿가락처럼 마음대로 주무를 수 있는 것임에 분명하다. 시간과 공간을 마음대로 처리할 수 있다는 것은 그냥 마술의 영역일 것이다. 그런데 실제로 역사 연구에서 그런 마술이 시현되어 역사도 마음만 먹으면 무엇이든 가능한 것이 되어 가고 있다. 유사역사학은 역사학이 아니다. 그것이 신채호(1948) 유의 역사이건 윤내현(1994) 유의 역사학이건 상관없이 역사 연구 일 수가 없다.

비약의 기원론

한국 한국인 또는 한국(조선) 민족 이 어디에서 기원하는가? 그 문제에 관한 논의가 바로 기원론 즉 기원 이론(25 a 42)이다. 그런데 그것은 시간 이란 면과 도 불가분의 관계일 수밖에 없다. 그런데 문제는 그 시간 이 비약 을 거듭해서 걷잡을 수 없는 단계까지 가버린다 는 것이다. 한반도 현대 2국가의 전신인 고려 조선 양조에서 역사는 일단 2000년전으로 소급(25 a 39)이 되는데 이른바 3국 이다. 다시 역사는 4500년전으로 재 소급(25 a 39)이 되는데 이른바 3조선(고조선 2)이다. 그 가운데 재 소급(위)의 시기에 해당하는 4500~2000년전은 역사 라고 하기는 그렇다. 특히 단군/ 기자 조선 은 신화 전설(아래)의 시기라고 보아야 한다.

그게 다가 아니다. 조선조가 무너지고 근대로 접어들면서(8) 4500년전의 단군(단군 조선)을 넘어서 9000년전의 환국 으로 치올라간다(이른바 더블이다). 단군 신화에 나오는 환인(桓因)의 환이 들어가는 환국(桓國)이 설정된다. 그 환국 이란 것은 사실 상 상상 상의 존재인데 유라시아 대륙 동쪽을 거의 포괄하는 거대한 영토를 가진 것으로 묘사된다. 9000년전의 제국인 셈이다. 그 환국 에서 시작해서 인류의 거의 모든 문명이 파생한다는 과대망상이 전개된다. 이른바 환국 의 문명이 서진해서 수메르 문화/ 황하 문명/ 인더스 문명/ 이집트 문명 등이 나온다는 설명이다. 빅 히스토리(박정재 2024) 관점에서 9000년전은 홀로세 초기다. 그 당시에 이미 그런 정치체가 나온다는 것은 그냥 망상이다.

9000년전은 그만두고 4500년전 이래의 고 조선(단군 조선, 고조선 1)은 당연히 신화 전설 상의 존재다. 5000~4000년전은 중국(한반도 또는 일본 열도에 비해서 역사 발전 단계가 한 두 단계 앞선다, 김정배 2006, 3)에서도 5제(황제, 전욱, 제곡, 요, 순)의 전설시대 인데 고 조선 은 그 기간 가운데서 후반부인 요 즉 당요 50년("삼국유사" '기이제일' 고조선 조)이란 시기를 특정해서 역사를 끌어 올린다. 그 결과로 4500년전의 고 조선(단군 조선)과 2200년전의 위만 조선(25 a 38) 사이에 장장 2000년 이상의 시간적 공백이 생긴다. 동국의 역사인 동사(25 a 36)에서는 그 공백을 기자(25 a 37)("삼국유사" 기이제일 고조선 조)/ 기자 조선("제왕운기" 동국군왕개국연대)을 가지고 메꾼다.

몰 역사 문제

어떤 한 민족 집단은 특정한 공간과 시간의 범위 안에서 영토를 확보하고 역사를 만들어가고 언어와 전통을 공유한다(Winston 2004)(Peoples). 한국 한국인 또는 한국(조선) 민족 도 예외가 아니다. 우선 그 집단은 당연히 공간적인 범위가 있다. 이른바 한반도(the Korean Peninsula)가 그것인데 문자 그대로 한국(조선) 민족(Koreans)의 반도(Peninsula)라는 의미다. 비슷한 용법으로 인도 아 대륙(the Indian Subcontinent)이 있는데 인도인(Indian)의 아 대륙 이란 의미다(다만 인도는 다 민족 국가다). 더 가깝게는 동 유라시아의 중국 대륙/ 몽골 고원/ 일본 열도 도 그러한 용법이다. 각각 중국 민족(Chinese)의 대륙/ 몽골 민족(Mongolians)의 고원/ 일본 민족(Japanese)의 열도 란 의미이기 때문이다.

한반도 란 공간도 당연히 시간적인 범위의 제한을 받는다. 그런데도 유사역사학(위)은 시간적인 범위와 관련해서 매우 몰 역사 적인 접근을 하는데 비약의 기원론(위)도 그것을 잘 보여준다. 한국 한국인 또는 한국(조선) 민족이 언제부터 한반도 란 공간에서 그 존재를 드러내는지는 단순한 문제가 아닐 것이다. 만일 그것이 역사시대가 아니라 선사시대라면 엄청나게 긴 시간을 자랑하는 선사시대 가운데 어느 시기를 기점으로 해야 하는가 라는 문제에 봉착하기 때문이다. 선사시대에는 여러 가지 다양한 민족 집단이 한반도 지역으로 들어간다. 또한 한반도 북방(4)의 여러 지역의 문화가 한반도 지역으로 들어간다는 것도 여러 고고학 자료에서 잘 나타난다.

중국의 경우는 황하 유역의 신석기/ 청동기 집단이 비교적 연속(계기)적으로 이어지고(김정배 2006)(3) 철기 사용 집단으로 큰 무리 없이 이어진다. 한국과 일본의 경우는 신석기/ 청동기 집단이 단절적인 경우에 해당하기 때문에 문제가 좀 복잡하다. 그나마 일본은 조몬/ 야요이 집단이 신석기/ 청동기 시대를 대표하는 집단이라 할 수 있지만(2) 한국은 그것도 분명하지 않은 편이다. 즐문인/ 무문인(노혁진 1994)이란 틀이 제시되기도 하지만 그들 토기 사용 집단이 그 두 시기를 대표하는 집단이라고 하기도 그렇다. 청동기 사용 집단 이 문제가 되기 때문이다. 더구나 청동기 철기 사용 집단 이 외부에서 들어가는 정복자 집단인지 여부도 분명치 않다. 일본의 경우는 한국보다 청동기 철기 사용 집단 이 분명한 편이다.

그나마 한반도 중남부 지역에서 고인돌(Yi 2022)(4장)이 나타나는 시기가 현재의 한국 한국인 또는 한국 민족(조선 민족)과 가장 관련성이 높다고 볼 수 있다. 고인돌(위)은 2000년전을 기준으로 그 이전의 그 지역의 중요한 표지가 된다. 한반도 중남부(3한 지역 이라 불리기도 한다)는 그 지역의 큰 강으로 흘러 들어가는 무수한 내(천 川)가 실핏줄처럼 연결된다. 그 주위에 농경을 영위하는 집단이 활동한 곳에는 고인돌이 분포하고 있다. 고인돌은 3한 지역에서 흔히 볼 수 있는 유적이다. 그렇다고 해서 그 집단이 바로 현재의 한국 한국인 이 되는 것은 아니다. 물론 그보다 이른 시기인 구석기/ 신석기 집단(Yi 2022)(2/ 3장)과 현재의 한국 한국인 집단과의 관련은 그

다지 밀접하지 않다.

이른바 고인돌 사회는 송국리 문화(3000~2300년전)라 불리는 더 발달한 사회로 가게 된다. 금강 유역에서 무덤과 제사 유적을 갖춘 그 사회는 하가점 하층 문화(3800~3200년전의 요녕 지역)와의 관련이 제시되기도 한다. 다만 그 문화는 2800년전의 기후 변화로 급속히 와해되어 전라도/ 경상도 지역으로 이동하고 다시 바다 건너 규슈 지역으로 이동한다는 설도 있다(박정재 2024)(15장). 그들이 일본어 사용 집단 이란 주장도 있는데 그런 경우 한국어 사용 집단은 누구인가 란 문제가 있다. 좀더 보수적으로 말한다면 한국 한국인 또는 한국(조선) 민족의 현실적인 시간은 2000년전 이래 라고 보는 것이 맞을 것이다. 그것도 양계(25 a 31)의 시간이 아니라 3한 지역의 시간이 그 핵심을 이룬다고 해야 한다.

2 모태

민족 형성 유형 이란 면에서 한반도(the Korean Peninsula) 지역은 매우 독특하다. 먼저 한반도 중남부에서 모태 집단이 나오고 그 다음에 한반도 3조(3)를 거치면서 민족 집단이 형성되는 유형이기 때문이다(2023). 더구나 한반도 지역은 상대적으로 복잡한 국제 관계를 보인다(25 a 15). 동 아시아 지역의 중심인 구 중국과의 대 중국(5)의 관계는 물론이고 바로 위로 접하는 북방 북국(25 a 20)과의 대 북국(4)의 관계까지 겹치기 때문이다. 아울러 한반도와 비 한반도(non-Peninsula)의 구분도 분명하지 않은 편이다(25 a 15). 양계(25 a 31) 지역의 역사가 그것을 잘 보여준다. 그래서 한국은 비슷한 유형을 보이는 일본과 베트남(아래)에 비해서도 더 다면적인 분석이 요구된다.

유형론

한반도 지역은 정복자 기원(2023 부록)의 민족 형성 유형을 보이는 곳은 아닌 듯하다. 예를 들면 아리안족의 정복으로 형성되는 인도 아 대륙/ 투르크계 민족 집단의 침투와 정복으로 이루어지는 중앙 아시아 여러 국가/ 마자르족이 헝가리 평원으로 들어가서 형성되는 헝가리/ 중국 서남부의 태족이 태국 북부로 들어가서 이루어지는 태국 등과는 유형이 다르다고 해야 한다. 물론 그 지역은 신 대륙 처럼 오랜 기간 수렵채집 또는 초기 농경 사회 단계에 머물다 근대에 와서 야 유럽 등의 식민지로 편입되는 유형은 아니다. 그렇다고 해서 그 지역이 이집트/ 그리스/ 이탈리아(로마)/ 중국 처럼 고도의 문화(2023 부록)를 바탕으로 민족 집단이 형성되는 곳도 아니다.

한반도/ 일본 열도/ 베트남(2023 부록)은 민족 집단 형성 이란 면에서는 비슷한 유형을 보인다. 그 세 지역은 그 곳에서 일단 모태(위) 집단이 형성된 이후 그 지역의 국가 또는 왕조를 통해서 민족 집단이 이루어지는 유형이기 때문이다. 한반도와 일본 열도의 경우는 1300년전 경에 모태 집단이 형성되어 각각 한반도 3조(3)와 일본 열도의 여러 국가(아스카, 나라, 헤이안, 가마쿠라, 무로마치 등)를 통해서 민족 집단이 이루어진다. 베트남의 경우는 그보다 늦은 1000년전 경에 홍강(현재의 베트남 북부) 유역에서 모태 집단이 형성되고 이후 여러 국가 또는 왕조(유인선 2018)(5~10장)(한반도보다 훨씬 더 자주 바뀐다)를 통해서 집단이 이루어진다.

한반도 지역 민족 집단 형성의 모태(위)는 2000~1300년전의 긴 시간에 걸쳐서 형성되는 어떤 복합체다. 그 복합체는 대략 2000년전에 등장하는 3한 지역의 소 정치체 국("삼국유사" '기이제일' 72국)이 여러 단계를 거치면서 통합(아래)된 것인데 한마디로 말해서 3한 복합체(25 a 44)라 할 수 있다. 3한은 마한/ 진한/ 변한 인데 소 정치체 국의 집합이다. 3한 은 민족 집단 명이자 지역 명이자 시대 명이기도 하다(다만 시대의 경우는 고고학계에서 2100년전으로 올려 잡기도 한다). 일찍이 "삼국지" '오환선비동이전' 특히 동이전의 한전 에는 70여 개의 국 으로 이루어지는 한반도 중남부인 3한 지역의 모습이 잘 나와 있다. 바로 그 3한 복합체 가 한반도 3조(3)를 거치면서 한국(조선) 민족이 형성된다.

국의 통합

소 정치제 국(위)은 연맹(아래)과 병합(아래)의 단계를 거쳐서 고대 국가로 발전한다. 국은 대략 2000~1700년 사이에 연맹의 단계를 밟는데 마한 연맹체/ 백제 연맹체/ 진한 연맹체/ 가야 연맹체(변한)가 대표적이다. 해당 지역에서 하나의 정치체가 맹주 역할을 하는 연맹의 단계를 거쳐서 다시 그 정치체가 나머지 정치체를 흡수하는 병합의 단계로 간다. 특히 백제 연맹체/ 진한 연맹체(위)는 각각 병합의 단계를 거쳐서 백제/ 신라 라는 두 개의 고대 국가로 성장한다(이른바 고총고분도 한 과정이다). 그렇지만 더 정확히 말해서 3한 지역은 상당기간 백제/ 신라 뿐 아니라 영산강 유역 및 가야 지역의 연맹체가 공존하는 형태로 존재하다가(Yi 2022)(7장) 최종적으로 두 고대 국가로 통합이 된다

3한 지역 북쪽의 북국인 고구려(4)도 그 지역에 지속적으로 영향을 미친다. 고구려는 1600년전쯤에는 한반도 동남부 지역이 가야와 일본(임나일본부 설도 있다, 25 a' 6)의 연합 세력에

침략을 당하자 5만 병력을 보내어 격퇴하고 상당 기간 그 지역에 영향력을 행사한다(을묘년 국강상 광개토지 호태왕 호우 십이라 새겨진 경주 호우총의 호우 명문 이 그것을 잘 보여준다, 을묘년은 414년 비 건립 후 일주년인 415년). 당시 마립간 이란 이름의 신라 지배자 가운데 몇몇은 고구려에서 지명한 인물로 바뀐다(실성/ 눌지). 또한 고구려는 1500년전쯤에는 한강 유역을 점령하는데 그 여파로 백제(이른바 한성 백제)는 웅진/ 부여 지역으로 근거지를 옮긴다. 그러나 고구려는 3한 지역을 끝내 정복하지는 못한다.

백제와 신라(위)는 점차 고구려의 영향을 벗어나서 서로 경쟁한다. 결국 당과 연합한 신라가 1300년전쯤에 소백 산맥 건너편의 백제를 차지하고 다시 북쪽의 위협 세력인 고구려(위)를 멸망시켜서 3한 지역을 최종적으로 통합한다. 고구려와 백제의 상층(25 a' 7)은 대부분 당의 수도로 압송되어 적절한 신분을 부여받고 현재는 한족(25 a 26)의 일부가 되어 있다. 구 고구려 지역은 황해도 지역은 신라로 편입되지만(한주) 대부분 북국 발해(3)의 영토로 들어간다. 결국 한반도 중남부인 3

한 지역(위)은 1300년전쯤에 비로소 통일기 신라(3한 복합체 라 할 만하다, 위)로 묶인다. 통일기 신라 는 대 신라(이종욱 2002) 라고 부르기도 한다. 시대구분 상 2000~1300년전은 3한통합기(2018 용어, 2023 부록)라 할 수 있다.

국 이전

3한 통합기(위) 이전의 한반도에는 여러 가지 문헌 상의 집단과 고고학 상의 집단이 나타난다(다른 글에서 다시 논의한다). 현대 남한에서 그들 집단에 대한 부분적인 입론이 나오기는 하지만 아직까지 만족할 만한 종합적인 이론은 나오지 않고 있다. 그 동안 4중 혼합설(2018 용어, 2023 부록)이라 할 만한 이론이 구성된 바 있는데(노혁진 1994, 손동완 2018) 다른 버전도 있다(박정재 2024)(25 a 50). 그 이론은 수렵채집인/ 농경민/ 청동기인/ 철기인 을 가정하는데 유럽 등에서 통용되는 수렵채집인/ 농경민 이란 도식에다 청동기인/ 철기인 의 조합을 덧붙인 것이라 할 만하다. 다만 한반도의 경우는 청동기인/ 철기인 이 정복자 기원 인 것 같지는 않다(1).

한반도 무문인(3500년전에 들어가는 벼 농경민과 관련이 있다)과 발해연안(25 a 47)에서 들어가는 이른바 요녕계(대략 2500년전 경에 한반도로 들어간다)를 두 축으로 하는 이론은 한국 고고학계의 청동기시대 문제를 해결할 비책일 수도 있을 듯하다. 다만 요녕계 를 포함한 지나치게 복잡한 시대구분 은 그다지 바람직하지 않은 것 같다(2018, 삼론 4). 그렇다고 해서 그냥 단순하게 그 두 집단을 나열하는 방식도 문제가 있다. 참고로 일본의 경우 한반도에서 건너간다는 야요이인(2)도 2200년전의 어떤 집단 이란 설(Lee & Hasegawa 2011)과 2800년전의 송국리 집단 이란 설(박정재 2024)(15장)이 나와 있다. 야요이인은 일본인의 2중 기원설/ 3중 기원설(Cooke 외 2021)(2023, 18장)(박정재 2024, 13장)에서 중요한 집단이다. 그들 집단이 요녕계와 어떤 관련이 있는지도 문제다.

이상의 국 이전 의 시기에 대해서 현대 북한(조선민주주의인민공화국)은 다른 이론을 내놓는다. 그들은 마르크스주의 역사 5단계의 한 시기를 3000~2000년전(아래)으로 설정하는데 바로 고대노예소유제사회 다. 이른바 북한의 고조선(고조선 3)(이른바 고 조선 이 아니다, 아래)은 바로 그 사회를 말한다(1). 원시공동사회(500000~3000년전) 다음 단계라는 그 시기는 중세봉건제사회(2000~150년전)로 이어진다는 구성이다. 청동 단검(Yi 2022)(4장)과 일부 묘제가 표지가 된다는 그 시기는 비파형 동검과 세형 동검을 둘러싸고 몇 가지 논란도 있다. 남한에서도 그 이론의 일부를 원용(단장취의)해서 청동 단검이 발견되는 지역이 모두 이른바 고조선의 강역이란 방식의 억지가 시현되기도 한다.

바로 위에서 말하는 3000~2000년전의 시기는 고려 조선의 역사인 동사(25 a 36)에서는 기자 조선(아래)으로 설정된다. 동사의 이른바 소급과 재 소급(25 a 39)의 역사에서 4500년전의 고 조선(즉 단군 조선)과 2200년전의 위만 조선(25 a 38) 사이에 시간적 공백이 생기는데(1) 그것을 기자 조선 으로 메꾸기 때문이다. 유교가 통치 이데올로기 역할을 하는 고려 조선 양조에서는 이른바 3조선(단군/ 기자 /위만 조선)(고조선 2) 가운데 기자 조선의 위상이 상대적으로 높다. 동 아시아 중세 유교 문명권(조동일 2010)의 보편을 상징하는 인물로 기자(25 a 37)가 채택이 되고(6) 기자와 기자 조선 은 고려 조선 양조 상층(즉 지배층)의 정체성을 대변하는 존재가 되기 때문이다.

근대로 접어들면서 보편 보다는 민족 이 중시되는 흐름이 나온다(6). 그래서 근대 한국에서 반 기자 조선 논(2018 용어)이 등장하는데 신채호가 대표적인 인물이다. 그는 3000~2000년전(위)의 그 시기를 대 단군 조선(4500~2500년전)이 신조선 불조선 마조선(신채호 1948)(3장)으로 분립하고 다시 한반도 지역으로 이동하는 것으로 설정한다. 말하자면 2500년전을 전후해서 한반도 북부와 만주 지역에 존재한다는 그 세 조선(위)이 전 3한 이고 그들 집단이 한반도로 이동해서 후 3한 이 된다는 이론(신채호 1929)(전후 3한고)이다. 고 조선 이 2000년간 이어진다는 설정과 더불어 전/ 후 3한 이란 기상천외한 이동설은 당연히 문제가 많다(그는 당시의 시대적 흐름을 타고 스팩터클 한 역사를 만들어낸다, 8).

3 한반도 3조

대략 1300년전을 기준으로 해서 그 이후에는 한반도 지역에서 세 개의 국가가 연속적으로 이어진다. 이른바 한반도 3조(25 a 16)라고 할 만한 그 국가 또는 왕조는 통일기 신라(대신라)와 고려 조선 양조다. 우선 고려 조선 양조가 현대 한국 2국가의 전신이 된다는 것은 거의 논란의 여지가 없다. 다만 그 앞 부분인 통일기 신라(대 신라, 1300~1000년전)는 약간의 논란이 있다. 그것은 현대 북한이 양계(25 a 31) 위주의 역사를 구성하면서 고구려와 발해(25 a 32)를 그들 국가의 전신이라 주장하기 때문이다. 고구려와 발해 는 엄밀히 말해서 북방 북국(아래)의 영역에 들어가고 특히 말갈계의 발해 국가("삼국유사" '기이제일' 말갈발해)는 현재의 한국(조선) 민족과는 그다지 상관이 없는 존재라 할 수밖에 없다.

발해 문제

이른 시기의 북방 북국(25 a 20)에 해당하는 고구려와 발해는 기본적으로 한반도 국가와는 대치 대립하는 국가다. 그 가운데 고구려(2)는 고려조(후 고구려)가 그들의 기원을 3국 으로 설정하면서 이른바 3국 의 하나로 들어간다("삼국사기" '고구려본기'). 한편 발해는 한반도 국가의 역사인 동사(25 a 36)에서 줄곧 제외된다. 고려조 전기의 "삼국사기"(위) 기준으로도 발해 는 아예 존재 자체가 없다. 더 정확히 말해서 그 존재가 있을 수가 없다. 2000년전의 3국에서 1000년전의 후 3국으로 바로 이어지는 구성인 그 역사에서 발해는 도무지 설 자리가 없기 때문이다. 중화권의 통일기 신라와는 달리 내륙 아시아권의 발해는 정치군사적으로 문화적으로 이질적인 집단이 되어 간다(이삼성 2009 a)(4장 11).

고려조 후기의 "삼국유사"에서 발해가 등장하는 것은 맞다. 다만 그것은 그 책의 '기이제일'에서 3국(고구려, 변한 백제, 진한) 앞에 한반도와 그 주변 지역의 정치체(낙랑국, 북 대방, 남 대방, 이서국, 5가야, 북 부여, 동 부여)를 나열하는 과정에서 후대의 정치체인 발해를 남 대방(위) 다음에 집어넣은 것이다. 비슷한 시기의 "제왕운기"('동국군왕개국연대')에서는 3조선과 한 4군(25 a 28)이 먼저 나오고 그 다음에 신라/ 고구려/ 후 고구려/ 백제/ 후 백제 가 나오고 맨 마지막에 발해가 부가되어 있다. 3국/ 후 3국 의 구성이 다 나오고 나서 맨 뒤에 나오는 발해는 고구려 와의 관련 속에서 언급된다(고려구장 高麗舊將 대조영 으로 시작된다). 거기서 발해에 대한 고구려의 역사적 주권(2023 부록)이 주장된다.

북방 북국(위)의 하나로 1300~1000년전에 통일기 신라(대 신라)와 대치한 발해 국가는 동사(위)의 구성에서 제외되어 있다가 200년전이 되어서야 언급이 된다. 조선조 후기 유득공 이란 인물이 지은 "발해고"(1784)란 책을 통해서다. 그 책은 기본적으로 발해에 관한 자료를 수집해서 실은 것인데(9개의 장) 그 책의 본문이 아니라 '서'에서 유득공은 역사의 단상을 토로한다. 고려조가 발해의 역사를 기록했더라면 당시 북국(거란 요/ 여진 금)에게 발해 역사에 대한 어떤 주장을 할 수 있었으리란 내용이다. 그러지 못했다는 결론이다. 고려조는 유득공이 주장하는 남 북국사('서')를 기록할 자격이 되지도 않는다(남 북조 를 통일한 구 중국의 수 당 과는 달리 그 국가는 이른바 남 북국 을 통일하지 못한다).

정치적 통합과 문화적 융합

한반도 지역은 통일기 신라/ 고려/ 조선의 긴 기간을 통해서 9주/ 5도 양계/ 8도 의 행정 구역을 거치면서 점차 정치적으로 통합이 된다. 그러한 과정과 병행해서 그 지역은 서서히 문화적으로도 융합이 된다. 말하자면 그 지역의 정치적 통합과 문화적 융합은 서로 얽혀 있다. 또한 한반도 3조 의 사회적 연속성 이란 면도 소홀히 할 수 없는 부분이다(바로 뒤에서 다시 논의한다). 북국 발해(위)와 대치 대립하던 통일기 신라는 마지막 수십년 간은 분열하지만(대략 1000년전 경에 견훤/ 궁예 등의 인물이 등장하기 때문이다) 다시 재 통합이 되어 고려조로 이어지고 조선조로 넘어간다. 한반도 3조(통일기 신라/ 고려/ 조선)와 한국(조선) 민족과의 관계는 불가분이라 해야 한다.

통일기 신라 9주 위(북쪽)로 설치되는 고려조의 양계(위)는 점차 확장되고 그 지역의 집단들도 한반도 국가의 정체성을 갖게 된다. 양계 지역은 고려조에 안렴사(5도)가 아니라 병마사가 배치되고 중앙의 특별한 관리를 받는다(병마판사/ 도병마사 가 그것인데 이후 도평의사사 로 이어진다). 북계 지역은 고려조 전기에 천리장성(압록강 하류에서 청천강 상류로 이어지는데 청북 정맥 과 거의 일치한다)까지 그리고 후기에 그 너머(4군 지역)로 확장되어 압록강이 한반도와 그 북쪽의 경계가 된다(25 a' 9). 한편 동계 지역은 고려조 말기와 조선조 초기에 와 서야 함경도(8도의 하나다) 지역으로 확장된다(25 a' 10). 양계 지역은 조선조의 8도(평안도와 함경도)가 되면서 비로소 한반도 국가로 완전히 통합된다.

한반도 3조 의 경우 제도적인 면에서는 1000년전에 이미 과거제도를 도입하고 이후 재(중서문하성)/ 추(추밀원 또는 중추원) 양부의 재상이 상당한 영향력을 행사하는 제도를 시행한다. 그 기본적인 기조는 조선조로 이월된다. 다만 재/ 추 양부의 하위직을 구성하는 성랑(주로 간관이다)/ 승선(왕명을 출납한다)은 조선조의 사간원/ 승정원으로 바뀐다. 고려조의 도당(도평의사사)과 조선조의 비변사/ 군국기무처 는 재상급 집단이 국정의 영향력을 행사한다는 것을 잘 보여준다. 조선조에서 일찍부터 중추원은 물론이고 의정부도 정상적인 기능을 상실하지만 3의정 특히 영의정은 비변사(위)의 도제조와 주요 기관(속 아문)의 영사(영사 판사 지사 는 재상급이 맡는 고위직이다) 등으로 국정에 참가한다.

3한 지역(위) 원래의 토착 사상은 신라/ 통일기 신라를 거치면서 점차로 불교와 유교의 영향 하에 들어가는데(5) 그 두 종교는 한반도 지역의 문화적 융합(위)에 크게 공헌한다(다른 의견도 있다, 아래). 바로 위에서 언급한 것처럼 한반도 3조 는 그 상층이 구 중국(25 a 24~30)의 제도와 사상을 받아들여 통치에 활용하는데 정치적인 면에서 유교(물론 유교 란 용어는 다양한 의미를 가진 것이지만 여기서는 동 아시아 중세의 유교 문명권이란 의미로 사용한다, 조동일 2010)가 고려 조선의 지배적인 이데올로기가 된다. 고려조에는 불교와 유교가 공존해서 수양은 불교/ 통치는 유교(박종기 2015)(3부 네번째 글)의 방식으로 시현이 된다.

불교와 유교(위) 특히 유교의 역할에 대해서 다른 의견도 있다. 근대의 신채호는 민족주의(8)에 경도된 주장을 펴기 때문이다. 그는 불교와 유교를 대립적으로 놓고 '낭가 불교 대 유교'(신채호 1929)(조선역사상일천년래제일대사건)의 도식을 내놓는다. 고려조 전기 김부식 당시 서경 천도를 둘러싼 내분(이른바 서경 전역)을 강조해서 전통적인 낭가(郎家)와 이어지는 불교가 쇠퇴하고 결국 유교가 지배적인 사상이 된다는 비판이다. 신채호는 유교의 영향을 비판하는 한편 한국(조선) 고대사를 고구려 위주로 재편해서 기술하기도 한다(신채호 1948)(5~11장). 그 작업은 이후 북한의 고구려와 발해(25 a 42) 중심의 역사 기술의 근거로 활용된다. 그렇지만 고구려와 한반도의 민족 집단(25 a 15)과의 관련은 제한적이다.

사회적 연속성

고려 조선 양조의 정치적 통합과 문화적 융합(위)이란 면과 관련해서 한반도 국가 상층(즉 지배층)의 사회적 연속성도 큰 역할을 한다. 한반도 지역은 다른 지역 특히 일본이나 베트남 지역에 비해서 국가 또는 왕조의 교체가 매우 드물다는 특징이 있다. 한반도는 1300년전을 기준으로 그 이후에 겨우 두 번의 왕조가 교체될 뿐이고 교체된 국가인 고려/ 조선 은 각각 500년 전후를 지속한다. 그것은 동 아시아는 물론 다른 지역에서도 보기 드문 경우다. 그 두 왕조는 북방 북국(25 a 20)과 대치하면서 각각 전기와 후기 사이에 상당한 정치적인 격랑이 있었지만(몽골 침입/ 병자호란) 그대로 유지된다(이후 원/ 청 은 북국 제국 의 위상을 가지고 구 중국 의 책봉 체제를 대행한다, 4).

국사학계에서는 대략 600년전인 고려/ 조선 교체기에 상층의 인적 교체가 있다는 설이 있었지만(신흥 사대부 논, 이기백 1999)(9장) 이후 서구의 한국학 연구자들을 중심으로 그것은 거의 허구라는 분석(아래)이 나온다. 교체기의 중앙 관료 귀족층을 분석한 연구(Duncan 2000)(3장)에서 신흥 사대부는 존재하지 않는다는 것을 밝힌 이후에 한 저명 학자도 그 주장에 가담해서 고려조의 세족이 조선조의 사족으로 그대로 이어진다고 본다(Deuchler 2015)(2장). 이미 유교 특히 신 유학이 한국(조선) 사회를 어떻게 바꾸는가(Deuchler 1995)를 탐구(사회와 이데올로기 란 두 범주를 중심으로 논의한다)한 그 학자는 그 책에서 그 이상을 주장한다(아래).

신라의 상층(고구려와 백제를 멸망시킨 주체다)이 통일기 신라(대 신라)에서 그대로 유지된다 것은 너무나 당연한 일일 것이다. 이후 큰 틀에서 볼 때 그 집단이 고려조와 조선조에서도 그대로 내려온다(Deuchler 2015)(1장)는 의견이다. 다른 중세 국가도 그렇지만 한반도 국가는 특히 신분이 결정적인 역할을 하는 사회였고 높은 신분의 상층은 이후 큰 변화 없이 유지된다고 할 수도 있다. 조선조 전기 기준으로도 상층은 10% 전후 정도에 불과한데(그 다음이 상민층이고 또 그 다음의 노비층인데 자유민이 아닌 노비층이 40%를 육박한다) 그 계층이 1300년전 이래(더 정확히는 1500년전 이래)로 국가 또는 왕조의 교체와는 상관없이 내려온다는 것이 그의 설명이다.

한반도 3조(위) 특히 통일기 신라(말갈 발해 가 아니다)와 이어지는 고려/ 조선 양조의 사회적 연속성 은 한국 경제사(이영훈 2016)(3, 4장)는 물론이고(그 책은 한국인의 역사적 전개 란 부제가 붙어 있다) 한국 사회학(최재석 1983)에서도 어느 정도 드러난다. 후자의 가족 제도사 연구는 부계적 요소와 비 부계적(비 단선적) 요소가 공존하던 신라에서 고려/ 조선을 거치면서 점차 비 부계적 요소가 제거되고 드디어 400년전에는 부계친의 씨족이 성립한다 는 분석이다(제사, 문중, 양자제, 승중자 등의 의례가 결정적인 역할을 한다). '친족 신분 지역성'이란 부제가 붙은 도이힐러의 위의 저서(Deuchler 2015)에서도 400년전 이래의 친족 이데올로기 가 비중 있게 언급되고 있다.

4 대 북국

한국 한국인 은 그냥 이루어지지 않는다. 그 집단은 동 아시아의 한반도 란 지역에서 어떤 정치적 조건 하에서 형성되기 때문이다. 대략 1300~100년전의 한반도 3조(3)는 대 북국(위)/ 대 중국(5)의 정치적 조건 하에 놓여 있었고 그것을 통해서 한반도의 민족 집단(25 a 15)이 형성된다고 보아야 한다. 바로 그 집단이 근대를 거쳐서(8) 현재의 남한/ 북한 의 한국 사람(9)/ 조선 사람(10)을 이룬다. 바꾸어 말해서 1300년전 이래의 대 북국/ 대 중국 의 조건을 떠나서는 한국 한국인 이 제대로 설명되기 힘든다 고 해야 한다. 여기서는 우선 대 북국의 조건에 대해서 논의한다. 1300년전 그 이전의 상황에 대해서는 이미 다른 장에서 설명한 바 있다(2).

북국

북국 이란 용어는 한반도와 북쪽으로 인접한 국가들을 의미한다. 한반도 국가는 줄곧 바로 그 북쪽의 이른바 북방 북국(25 a 20)과 국경을 접하고 그들 국가와 대치 대립 한다. 더 구체적으로는 발해, 요, 금, 원, 청 이 대표적인 북방 북국이다. 그들 국가가 이른바 만주(요동 이라고 부르기도 한다)란 역사 공동체(김한규 2004)에 속하는가 여부를 떠나서 한반도 기준으로 그 북쪽에 존재한 국가 란 것은 분명한 사실이다. 그리고 그들 국가가 한반도의 북쪽에서 한반도 국가인 한반도 3조(위)에 큰 영향력을 행사하던 존재 란 사실에는 의문의 여지가 없다. 그 가운데 발해(3)는 조선사(한국사) 구성에도 동원이 되는 국가다.

참고로 고구려(2000~1300년전)(2)도 기본적으로 북방의 북국이지만 1300~100년전인 한반도 3조(위)와 시기적으로 겹치는 국가는 아니다. 통상 고구려와 발해(25 a 32)는 현대 북한(조선민주주의인민공화국)의 역사 만들기 에 동원되는 국가인데 발해가 한반도 3조 와 겹치는 북국인데 비해서 고구려는 그 이전의 북국이다. 신채호의 "조선상고사"(1948)는 모두 12장으로 구성되어 있는데 앞 부분(1~4장)(주로 단군 조선과 그 이후 에 관한 내용이다)을 제외하면 사실 상 북국 고구려사 에 해당한다(5~11장). 여하튼 고구려는 1000년전의 후 고구려(고려조 가

된다)의 역사 기획인 3국설 이 나오면서 한반도 국가의 기원(2023 부록)으로 편입되지만 그것은 참 문제가 많은 기원 이론(25 a 42)이다.

1300년전 이래로 한반도 국가는 그 북방의 발해, 요, 금, 원, 청 과 대치한다. 한반도 3조(위)는 그들 국가와 경쟁하고 특히 전형적인 정복왕조 (김호동 2016)(03)인 요, 금, 원, 청 과는 국가의 명운을 건 전쟁(2023 부록)을 수행한다. 발해는 상대적으로 한반도 국가(통일기 신라)와 평화적인 관계를 유지한 것은 사실이지만 그렇다고 해서 두 국가가 대치 대립하지 않은 것은 결코 아니다. 그 두 국가는 물밑에서 치열한 경쟁을 한다(최치원의 '사불허북국거상표'도 한 예다). 발해는 통일기 신라처럼 당의 책봉 을 받긴 하지만 당의 영토(등주)를 침공하기도 한다(734)("삼국유사" '기이제일' 말갈발해). 그러한 과정 속에서 북국과는 구분되는 한반도 국가의 정체성(2023 부록)이 확립이 된다.

북국 제국

발해, 요, 금, 원, 청 의 북방 북국 가운데 원과 청은 여타 국가와는 다른 특수한 위상을 가진다. 원과 청은 발해(위)는 물론이고 요, 금 두 국가와 도 다른 면이 있다. 요 금은 만주 몽골 지역에서 구 중국으로 들어가서 북 중국의 일부 또는 전부를 정복하지만 전 중국을 점령하지는 못한다. 그에 비해서 원과 청은 전 중국을 정복해서 동 아시아 역사에서 새로운 장을 연다. 원과 청 그 두 국가는 구 중국의 책봉 체제를 물려 받으면서 기존의 단순한 북방 북국의 지위를 벗어나서 새로운 단계로 나아간다. 그런 의미에서 원과 청은 북국 제국(25 a 23)이라 할 만하다. 한족 왕조 뿐 아니라 이민족 왕조도 구 중국(25 a 24~30)의 핵심 세력이 되는 셈이다.

북 중국은 1000년전을 기준으로 해서 그 이후는 일정 부분 북방 북국의 지배를 받는다. 특히 현재 신 중국(25 a 7)의 수도인 북경 지역은 요의 남경/ 금의 중도/ 원의 대도/ 청의 북경(연경)이 된다. 러시아와 중앙 아시아 국가에서는 구 중국 을

북 중국 특히 1000년전 이래의 요, 금, 원, 청 이라 인식한다. 그 지역에서 중국을 지칭하는 용어가 키타이(Kitai)란 것도 그것을 잘 말해준다. 한반도 국가도 대략 1000년전의 국가인 고려 의 음역인 코리아(Corea)로 알려진 것처럼 구 중국도 비슷한 시기의 북 중국 국가 거란 요 의 거란 의 음역 키타이(노걸대 의 걸대 도 그것이다, 아래)가 대표 명칭이 된다. 구 중국의 정치 중심지는 이른바 중원(섬서/ 하남 성 이 중심이다)에서 북경 지역으로 이동한다.

현재 우리가 중국어 라고 알고 있는 언어도 북경 지역의 혼성어(아래)에서 나온 것이다. 그 언어는 원래 한어(한 장어 계통의 하나다, 한어 1)와 알타이 언어(TMT, 김주원 외 2008)가 혼합된 언어인데 이후 북 중국의 공용어(아래)가 되고 바로 그 언어가 현재의 신 중국의 공용어(Putonghwa 普通話)가 된다. 더 자세히 말해서 북 중국의 한인(남 중국의 남인 과 대비되는 말이다)이 사용하는 한아언어(한어 2) 또는 한 이문(吏文)이 공용어로 발전한 것이다(정광 2010)(해제). 그 언어는 북경 관화 라는 형식으로 여타 북 중국에 보급되고 다시 서남 지역(운남 사천 귀주)까지 사용된다. 원대의 북경어 는 고려조 후기 사역원(또는 한어도감)의 교과서에 남아 있다. 1990년 대구의 고 서점에서 발견된 "노걸대"(위)가 그것이다.

한반도 국가는 북방 북국 가운데 북국 제국인 원과 청 시기에는 이전의 대치 대립 의 관계에서 벗어나서 동맹(5)의 관계로 거듭난다. 다시 말해서 단순한 북방 북국(위)의 지위에서 벗어나서 구 중국의 책봉 체제를 물려 받는 북국 제국(위)이 되면 그 국가는 한반도 국가에 완전히 다른 존재가 되는 셈이다. 물론 한반도 국가는 북국 제국에 대해서는 한족 왕조와는 다른 2중적 태도를 가질 수밖에 없다. 그것은 사대와 자주(5) 두 가지의 태도로 나타난다. 자주적 방식은 고려조 후기(원 당시)의 단군(25 a 40)/ 조선조 후기(청 당시)의 소 중화 담론(25 a 29)으로 나타난다. 소 중화 란 용어는 이미 고려조 후기 "제왕운기"('동국군왕세계연대', 요동별유일건곤)에 나오는데 조선조 후기에 본격적인 담론이 등장한다.

북방

통상 방위칭은 상대적인 의미를 가진다. 현대의 서방 이란 용어도 서 유럽을 기준으로 동 유럽 및 구 소련과 대비되는 의미로 사용된다. 미주 미국은 서 유럽과 동맹 관계이고 당연히 서방의 한 축을 이룬다. 이전의 베트남에서는 남제/ 북제(“대월사기전서” ‘본기’)란 용어가 사용되는데 남쪽의 베트남을 기준으로 해서 남제는 베트남의 왕을 말하고(대외적으로는 왕이지만 대내적으로는 황제를 칭하는 2중적인 구조다) 북제는 구 중국의 황제를 말한다(조동일 2010)(3부 3-2). 동국 이란 용어도 마찬가지인데 구 중국을 중심으로 그 동쪽의 한반도 국가를 의미한다(“동국통감”). 그 용어는 해동 이란 말로 사용되기도 하는데 그 때는 바다 건너 동쪽의 국가 란 의미다(“해동고승전”).

한반도 기준으로 북방 은 상당히 명확한 개념임에 틀림없다. 반면 남방 은 북방 보다는 모호한 개념이다. 그것은 그 남방 이 일본 열도인지, 남 중국인지, 인도 차이나인지, 인도 말레이인지, 남 인도인지 불 분명하기 때문이다(25 a 21). 다만 한반도와 관련해서 북방과 북국 은 분명한 의미를 지닌다는 것은 의문의 여지가 없다. 한반도 관련 연구에서 북방 이란 용어는 주로 세 가지로 사용이 된다(2024 b 색인). 그 가운데 하나가 바로 위에서 논의한 북방 북국 의 북방이다. 북방 북국(25 a 20)이란 용어가 한반도 북쪽의 북국 특히 발해, 요, 금, 원, 청 을 말한다 는 것은 이미 앞에서 논의한 바와 같다. 그 외에도 북방 시베리아(아래)라는 용법으로 사용되기도 하고 북방 사회주의(아래)란 용어로 사용되기도 한다.

북방 사회주의 는 20세기에 등장하는 개념이고 그 대상이 되는 지역은 20, 21세기의 한반도 북방인데 구 소련/ 신 중국이 대표적이다. 구 소련 은 1917년 볼셰비키 혁명 이후 제정 러시아를 무너뜨리고 사회주의 국가를 건설한다. 이어서 제정 러시아의 아시아 지역인 시베리아와 극동 지역은 물론이고 그 주변의 몽골과 중국과 한반도 북부까지 공산 화한다. 중국은 북국 제국 청이 멸망(1911)한 이후 중화민국(1912~1949)을 거쳐서 1949년 이래 신 중국(25 a 7)의 지배를 받는다. 한국

전쟁(박명림 1996, 2002)도 북방 사회주의의 두 국가 구 소련과 신 중국이 깊숙이 관여한다. 한반도 북부는 1953년 이래 사회주의적 현대화를 겪는다(10). 남한은 이른바 북방 정책(노태우 정부)을 통해서 구 소련(1990)/ 신 중국(1992)과 수교한다.

북방 시베리아(위)도 20세기에 등장하는 개념이긴 하지만 그 대상이 되는 시기는 선사시대로 올라간다. 선사시대는 한반도의 민족 집단(25 a 15)과 큰 상관이 있는 시기이기는 아니지만 고고학/ 인류학/ 유전학 의 발달과 함께 주목을 받는다. 북방 시베리아 는 이른바 기원 이론(25 a 42)에 등장하는데 한국(조선) 민족의 기원 문제와 관련해서 시베리아(25 a 46)가 거론되기 때문이다. 이른바 외래설(25 a 42)은 시베리아/ 발해연안/ 부여/ 남방 해양 네 지역을 주목하는데 그 가운데 시베리아 지역은 20세기로 접어들면서 일찌감치 등장한다. 1925년 을축 대 홍수 당시 서울 강동(암사동)에서 신석기시대 즐문토기(빗살무늬토기)가 발견되면서 그것이 시베리아에서 온 것이란 이론(Fugida 1930)이 나온다(이른바 북방설의 시초다).

5 대 중국

한반도 국가는 동 아시아 중세의 구 중국(25 a 24~30)과의 관련도 중요하다. 그 지역에서 구 중국은 변수라 기보다는 오히려 상수에 가깝고 그 존재를 빼고 서는 그 지역을 논하기 힘들다. 무엇보다 동 아시아 중세는 유교 문명권(조동일 2010)이라 해도 과언이 아니고 따라서 그 종주국인 구 중국의 위상이 만만치 않다. 한반도 국가뿐 아니라 북방 북국(25 a 20)도 그 대목에서 전혀 자유롭지 않다(4). 그렇다고 한다면 구 중국과 한반도 지역과의 국제 관계는 객관적인 분석을 통해서 제대로 조명될 필요가 있다. 그런 의미에서 사대(25 a 30) 소 중화(25 a 29) 등에 대한 현재의 인식도 재고되어야 할 듯하다. 근대 한국(8)조차도 대 중국 이란 맥락이 없이는 제대로 설명될 수 없다.

동맹

이전의 구 중국(위)과 현재의 신 중국(25 a 7)은 한반도 국가에 대한 의미가 많이 다르다. 구 중국은 역사를 통해서 한반도 3조(3)와 거의 정치 군사적 동맹에 가까운 관계를 유지해 온 것이 사실이다. 그것은 두 지역이 문화적인 유대가 강력하다(아래)는 것도 그렇지만 만주 몽골 지역의 북방 북국(위)이란 공동의 적을 가지고 있기 때문이기도 하다. 북방 북국(25 a 20)은 한반도 국가와 대치 대립 한 국가일 뿐 만이 아니라 구 중국을 끊임없이 위협한 국가이기도 하다. 한반도 국가와 구 중국은 정복왕조(김호동 2016)(03) 요, 금, 원, 청 과 관련해서 공동 대응하고 일정한 성과를 거두기도 한다. 다만 원과 청의 경우는 전 중국을 정복하고 그들 북국 제국(25 a 23)은 구 중국의 책봉 체제를 물려받는다(4).

반면 현대 남한(대한민국)을 기준으로 20, 21세기의 신 중국은 정치 군사적 측면에서 일단 이전의 구 중국(위) 보다는 북국 제국(위)에 훨씬 더 가까운 존재라고 할 수밖에 없다. 말하자면 구 중국과는 달리 신 중국은 동맹이 아니라 남한의 가장 강력한 위협 세력인 셈이다. 만일 북한(조선민주주의인민공화국)이란 완충(25 a 9) 지역이 없다면 남한은 신 중국과 국경을 접하게 되고 바로 위협받는 상황으로 갈 것이 분명하다.

예를 들면 (러시아 위협 하의)이전의 핀란드 또는 현금의 우크라이나와 거의 유사한 상황으로 간다고 보아야 한다. 현재의 신 중국은 이전의 구 중국 같은 동맹국이 아니다. 신 중국은 북한과 사실 상의 동맹 관계일 뿐이지 남한과는 그런 관계가 절대 아니다.

근대로 접어들면서 오랜 기간 지속해 온 동 아시아 유교 문명권 이란 보편이 무너지고 민족(6)이 부상한다. 그 여파로 이전의 한반도 3조 의 역사 특히 대 중국 의 역사가 민족주의(25 a 14) 관점에서 상당 부분 잘못 해석되어 온 것이 사실이다. 우리는 현재 민족주의(8)란 틀 때문에 역사 상의 국제 관계 또는 외교에서 기본적인 사항마저 구분하지 못하고 있는 것일지도 모른다. 어느 시기이든 안보는 지엄한 사안임에 틀림없고 진영의 구분은 중요하고 객관성을 유지해야 한다. 또한 그 동안 사대(25 a 30) 소 중화(25 a 29) 등의 논란을 둘러싸고 구 중국(위)과 한반도 국가의 관계가 왜곡되게 해석되어 온 것이 사실이다. 그 부분에 대한 더 정확한 논의가 요구된다.

문화적 유대

동 아시아 중세는 지구 상의 다른 지역의 중세처럼 독자적인 문명권을 이루고 그 지역 내에서 문화적 유대가 작용한 것은 분명하다. 중세의 유럽/ 아랍/ 인도 의 기독교/ 이슬람교/ 힌두교(조동일 2010)(3부 3-1) 에 해당하는 것이 바로 동 아시아의 유교 라고 할 수 있다. 그 유교 문명권의 여러 문화는 일찍부터 한반도로 전해지고 영향을 준다. 이미 2100년전에 한 4군(25 a 28)의 문화적 영향권(Pai 2000, 5, 6장; Lee 1998, 서) 아래 들어간 이후 한반도는 꾸준히 유교 문화의 세례를 받는다. 특히 정치 제도는 거의 다 구 중국의 시스템을 도입한 것이어서 유교의 영향이 훨씬 더 크다. 더구나 유교적 문화는 고려 조선 양조 상층(즉 지배층)의 정체성까지 지배한다(기자가 그것을 대변한다, 6).

물론 민족주의(위) 관점에서는 통일기 신라 이후의 중국화 또는 유교화가 부정적인 것일 수도 있지만 한반도의 국가(또는 왕조)와 민족 집단은 그러한 과정 속에서 이루어진다. 대 북국(4)의 대치 대립이 한반도의 민족 집단(25 a 15) 형성의 중요한 측면이지만 대 중국의 문화적 교류와 동맹(위)도 다른 한 축을 이룬다. 더 정확히 말해서 동 아시아 중세의 보편 이란 틀 내에서 구 중국 문화의 영향 속에서 북방 북국 과는 다른 한반도 지역의 문화적 정체성(2023 부록)이 이루어진다. 바다 건너 일본도 그 문화의 영향권 하에 있다. 물론 한국과 베트남에 비해서 다소 다른 정치적 체제(천왕, 쇼군, 다이묘)를 보이기는 하지만 동 아시아 중세의 공동 언어인 한문이 공식적인 기록에 사용되고 불교 유교의 공통 문화도 접합된다.

한반도 지역의 문화는 좀더 자세히 말한다면 토착 신앙(아래)이 불교(서 아시아 또는 동남 아시아의 원시 불교 이른바 소승 불교가 아니라 중국 불교 이른바 대승 불교다)의 영향을 받고 이어서 다시 유교의 영향을 받는 방식이다(3). 이미 그 지역의 토착 신앙인 샤머니즘은 신라/ 통일기 신라를 지나면서 상당 부분 불교로 대체된 바 있는데 다시 고려 조선 양조를 지나면서 유교 문화의 영향을 받는다. 샤머니즘은 반드시 시베리아(25 a 46) 계열 만을 말하는 것은 아닌데 예를 들면 구 중국도 그 이전의 샤머니즘 즉 무가 예로 전환하면서 그 지역의 특징적인 문명이 나온다(由巫到禮)(Lee 2018)(3장). 샤머니즘 외에 제천, 천손 사상, 천신 지신 산천신, 신궁제사(2018 용어) 등이 토착 신앙에 해당한다.

통일기 신라(이전의 신라도 마찬가지다)와 고려조는 불교의 영향력이 강한 편이지만 고려조의 경우 정치는 유교적인 원리가 지배한 것이라서(박종기 2015)(3부 네번째 글) 유교의 영향력은 막강하다 할 수 있다. 고려 조선 양조를 거치면서 상층(즉 지배층)의 문화는 유교가 지배하고 관혼상제의 통과 의례도 점차 유교 식으로 바뀐다. 가족 제도 연구를 보더라도 고려 조선을 거치면서 점차 유교 식의 씨족 제도로 넘어가서 400년전에는 친족 이데올로기로 확립된다(3). 민족주의 계열에서는 이전의 풍수 지리, 낭가, 불교 사상이 유교 사상으로 대체된 것을 비판하지만(신채호, 1929)(한반도천년이래일대대사건) 그러한 과정은 동아시아 중세의 보편적인 현상이라고 보아야 한다.

정치적 사대

구 중국 과의 동맹 관계와 문화적 영향을 고려할 때(위) 근대 이래의 사대 비판은 도가 지나친 것이라 할 만하다. 더 정확히 말해서 동 아시아 유교 문명권 안에서의 국제적인 역학 관계는 그 나름의 질서(이삼성 2009 a)(3장 특히 3)를 가지고 있는데 그것을 당시의 상황이 아니라 근대의 시각으로 무 차별적으로 공격하는 것은 결코 바람직하지 않다. 동 아시아 세계(Nishzima 1983; 니시지마 이성시 2008) 또는 동 아시아 문화권(이성시 2001)(3부) 또는 동 아시아 유교 문명권(조동일 2010)은 동 아시아 중세에서 공동 언어/ 공통 문화/ 책봉 을 근간으로 하는 체제를 유지한다. 그 가운데 책봉은 약간의 지역적인 차이가 있긴 하지만 동 아시아 지역 뿐 아니라 유럽/ 아랍/ 인도 에서 공통적으로 시행된 제도 라고 해야 한다(조동일 2010)(3부 3-1).

한반도 국가의 구 중국에 대한 사대는 정치적 사대/ 전략적 사대 에 해당하는 것이고 그 자체가 반드시 사대주의 라고 규정될 필요는 없다(25 a 30). 인류 사회가 무리 사회 〉 부족 사회 〉 치프덤(족장 사회)을 거쳐서 국가 단위의 단계로 넘어간 이후 각 지역에는 중심 국가와 주변 국가 라는 역학적 구도는 일반적인 것에 해당한다. 중세뿐 아니라 근대를 지나 현대에도 마찬가지다. 여하튼 현재 북한은 대륙(25 a 5) 세력과 동맹 또는 그에 준하는 관계를 맺고 있고 남한도 해양(25 a 4) 세력과 동맹 또는 그에 준하는 관계에 있다. 북한의 구 소련 또는 신 중국에 대한 정치적 사대/ 전략적 사대가 나름의 생존 전략의 하나이듯이 남한의 미국에 대한 사대도 마찬가지 경우라고 해야 한다.

사대와 자주(4)는 역사적으로 보이는 기본적인 양상 이라고 해야 한다. 현대 북한 에서 상당 기간 대륙의 구 소련 또는 신 중국에 대해서 정치적/ 전략적 사대를 행하지만 1960년대 이후에는 주체 사상(Ogura 2017)(9장 3)을 내건다. 고려조에도 당시 북국 제국 원이 책봉 체제를 대행하자 정치적/ 전략적 사대를 행하고 그것이 역사서에도 반영되지만("제왕운기" 권상, 정통상전송) 그 시대에는 단군 담론이 나와서("삼국유사"

'기이제일' 고조선 조; "제왕운기" '동국군왕개국연대') 자주적인 면을 보인다. 조선조에서도 당시 북국 제국인 청에 대해서 정치적/ 전략적 사대 를 행하는 동시에 소 중화(25 a 29) 란 자주적인 담론을 펼친다.

소 중화 논은 사대 의 전형적인 예로 꼽히지만 자주 의 한 측면 이란 논의도 있다(25 a 29). 소 중화 논이 주로 원과 청의 북국 제국(25 a 23) 시기에 등장한다는 것도 그것을 잘 말해준다. 시대적인 면에서 그것이 북방 이민족 책봉 체제 하의 자주 의 한 흐름이라 볼 여지가 적지 않다. 고려조 후기(원 간섭기)에 쓰여진 "제왕운기" 권하('동국군왕개국연대')의 앞 부분에 소 중화 란 용어가 나오는 것은 이미 말한 바와 같다(4). 조선조 후기(청 당시)에 이미 멸망한 국가인 명(1368~1644)에 대해서 행한 여러 가지 소 중화 적인 흐름(만동묘, 대보단이 대표적이다)은 바로 그것이 실제로는 북방 이민족인 북국 제국 청에 대한 자주 의 경향을 보여주는 것이라 해석될 수도 있기 때문이다.

6 민족

장장 500년간이나 지속된 조선조는 전기와 후기로 나뉘는데 후기의 마지막 구간인 조선조 말기도 중요하다. 한말 또는 말기 조선(이삼성 2009 b)(8장)이라 부르기도 하는 그 시기는 근대로 넘어가는 길목이다. 말기 조선 은 많은 연구자들의 주목을 받는데 역사학은 물론이고 정치학에서도 그 시대에 대한 관심이 매우 높다. 당시는 오랜 기간 지속되어 온 동 아시아 지역의 유교적 보편(아래)이 무너지는 시기이자 민족(아래)이란 것이 대두하는 시기라 할 수 있다. 말기 조선 은 조선조는 물론이고 한반도 3조(3) 전체의 마지막 구간이기도 하다. 여하튼 그 지역의 유교적 보편(아래)은 19세기 후반에 와서 와해되기 시작한다.

기자와 보편

동 아시아 중세는 기본적으로 유교 문명권(조동일 2010)이다. 그것은 유럽의 기독교 문명권/ 아랍의 이슬람 문명권/ 인도의 힌두교 문명권 등에 준하는 것이라 할 만하다. 한반도 3조(3)

도 분명히 그 문명권의 영향권 하에 있었고 이른바 동국의 역사인 동사(25 a 36)에도 그것이 깊숙이 반영되어 있다. 고려 조선 양조는 사실 상 유교가 통치 이데올로기 역할을 하고 그 상층(즉 지배층)의 정체성도 그것에 의존한다. 기자(25 a 37)는 물론 신화적인 인물이긴 하지만 고려 조선 양조에서 동국(한반도 국가)에 유교를 전파한 인물로 여겨진다. 고려조 전기에 공식적으로 기자 제사(1102)가 행해진 이후 기자 란 인물은 동국의 역사(위)에서 없어서는 안 되는 존재로 자리 잡는다.

기자 란 신화("상서대전" 권2, "사기" 권38, "한서" 권95, "삼국지" 권30, "후한서" 권85)는 가상의 기자 조선(2018 용어)으로 이어진다. 동국에서 기자("삼국유사" '기이제일' 고조선 조)/ 기자 조선("제왕운기" '동국군왕세계년대')은 줄곧 유교적 보편(위)을 대변하는 그 무엇이 된다. 더구나 고려조 말기 원에서 성리학이 도입되고 조선조는 유교를 국교로 해서 건국된다. 조선조에서 유교적 보편을 상징하는 기자 는 그 위상이 다를 수밖에 없고 기봉(箕封) 등의 용어는 일상적으로 사용된다. 한반도 역사에서 기자/ 기자 조선은 현재 우리의 인식보다 훨씬 더 중요한 역할을 한다(베트남은 조타와 사섭 이 그러한 역할을 한다, 조동일 2010, 3부 3-2).

말기 조선을 지나면서 기존의 유교적 보편(위)이 무너지고 민족(박찬승 2010)이 등장한다. 그러한 시대적인 흐름을 타고 기자/ 기자 조선(위) 대신에 단군/ 단군 조선(아래)이 부상한다(Schmid 2002)(27장). 고려조 후기에 등장하는 단군/ 단군 조선이 말기 조선 이후에 전성기를 맞이하는 셈이다. 단군 은 고고학적 민족학적 근거가 제시되기도 하지만(김정배 1973)(4장) 그것이 고대 한국의 신화적 기원(Pai 2000)(3장)을 갖는다는 것은 확실해 보인다. 그리고 단군은 신채호의 이른바 대 단군 조선(신채호 1948)(2장) 등을 통해서 비상하지만 여러가지 문제가 남는다. 그 부분에 대해서는 바로 뒤에서 다시 논의한다.

위정척사파

말기 조선의 위정척사파는 유교적 보편(衞正의 正)이 무너지는 상황에서 그것을 유지하려던 세력이라 할 수 있다. 그들은 당연히 시대적인 흐름에 뒤처진 과거를 추구하는 세력이다. 당시 동 아시아 는 이미 대륙의 구 중국(북국 제국 을 포함한 개념이다, 4) 중심의 세계에서 '해양 대 대륙'의 구도 로 넘어간다. 그 결과로 일본과 서구 열강을 중심으로 한 해양 세력이 이른바 전환(25 a 6)을 이루어 간다. 기존의 공동 언어/ 공통 문화/ 책봉 제도 를 핵심으로 하는 유교적 보편 은 더 이상 미래를 끌고 갈만한 존재는 아닌 셈이다. 물론 베트남에서는 그것이 서구 프랑스의 침략에 맞선 투쟁 도구로 긍정적인 역할을 하지만(조동일 2010)(3부 3-2) 한국에서는 그만한 역할을 하지 못한다.

그들은 친중 위정척사파(함재봉 2017)(서론)라 불리기도 한다. 다만 그 때의 친중 은 구 중국을 향한 친중(친중 1)인데 신 중국을 향한 친중(친중 2)과는 의미가 전혀 다르다. 역사 상 동맹 관계를 유지했던 구 중국을 향한 한반도 3조(3)의 친중(친중 1) 또는 사대(25 a 30)는 당연히 그만한 이유가 있다. 그렇다고 하더라도 위정척사파는 이미 시대적인 역할을 다한 동 아시아 중세의 유교적 보편(위)에 매달리는 집단임은 분명하다. 여담으로 현대 북한(10)의 신 중국을 향한 친중(친중 2)은 맥락이 확실한 것인데 비해(북한은 대륙 의 구 소련 과 신 중국의 후원으로 사회주의적 현대화를 이룩한다) 현대 남한(9) 특히 민주화파의 신 중국을 향한 친중(친중 2)은 그야말로 맥락이 없는 친중이다(25 a 8).

현대 남한의 유림과 동양학 연구자 일부가 위정척사파의 후속 세력이라 할 만하다. 현대 북한에서는 이미 사회주의적 현대화에 의해서 그 세력이 사라지지만 현대 남한에서는 몇몇 가문의 후손들과 각 지역의 향교(성균관과 유도회가 그 중앙 세력에 해당한다)를 중심으로 유림의 잔존 세력이 존재한다. 다만 그 비중은 점점 줄어 들고 있는데 퇴계 가문의 경우는 명절 때 일간지에 차례상의 격식 등을 중심으로 한 기사에 단골 출연하고 있는 정도다. 또한 상당 기간 남한의 동양철학 연구자 집단은 학자 급의 문집을 남긴 가문의 후손들의 후원을 기반으로 활동한 것이 사실이다. 다행히도 현재 동양철학계는 그러한 의존을 벗어나서 그나마 어느 정도의 학문적 자생력을 보여 주고 있다.

유림의 세력은 경상북도 특히 북부 지역인 안동이 강한 편이다. 경상북도는 그러한 과거의 유산을 유지시키기 위해서 여러 가지 일을 하는데 안동에 설치한 한국국학진흥원도 그 한 예다. 안동시는 공공연하게 한국 정신 문화(실제로는 시대착오적인 유교적 보편 이란 내용을 갖는다)의 수도 란 슬로건을 내걸고 있다. 안동 주변에는 닭실 마을 같은 전형적인 사족 마을이 많고 이른바 양반 문화가 비교적 많이 남아 있다. 특히 경북지사 등 지역의 지도적인 인물들이 한복을 입고 유교적 보편(충 효 열)을 아무렇지도 않게 설파하는 것은 상당히 적절하지 않은데 그 지역의 특성 상 그러한 행위가 별 제한없이 행해지는 것은 상당히 우려할 만하다.

단군

기자(25 a 37)가 고려 조선 양조에서 유교적 보편 을 상징하는 역할을 수행한 것처럼 단군 도 말기 조선 이래 민족 을 상징하는 중대한 역할을 한다. 말기 조선(한말)에서 이어지는 한반도의 식민 국가(1910~45) 기간 동안 바다 건너 대칭 국가(윤해동 2022)인 대한민국임시정부 에서는 구 중국 또는 조선조의 연호(동치/ 선통 또는 건양/ 광무/ 융희) 대신 단군의 단기(檀紀)가 사용된다. 그리고 신채호 같은 민족주의자가 등장해서 대 단군 조선(신채호 1948)(2장)이 강조되고 저항적 민족주의가 큰 흐름을 형성한다. 신채호의 대 단군 조선 은 이후 '비약의 기원론'(1)의 토양이 된다. 민족주의에 대해서는 뒤에서 다시 논의하기로 한다(8).

단군(25 a 40)은 당연히 역사 상의 인물이 아니라 신화 전설 상의 인물이다. 더 정확히 말하면 단군 신화(아래)의 신화 상의 인물이다. 우리에게 잘 알려져 있는 "삼국유사"('기이제일')의 고조선 조 는 단군이 개국하고 이후 기자로 교체된다는 것이 기본적인 구성이다. 그 중간에 단군 신화(아래)가 길게 삽입되어 있다. 그 신화에는 샤머니즘, 토테미즘 뿐 아니라 불교, 도교, 유교 등의 여러가지 요소가 다 들어가 있다. 무엇보다도 단군 신화가 그 추종자들이 상상하는 만큼 오래된 것인가 란 의문이 제기되기도 한다. 이른바 고층 또는 기층 문제(Ogura 2017)(2장 3)가 존재하기 때문이다. 특히 근대 한국 에서는 고층이 발견되고 창조되기까지 한다.

현대 남한에서 지명도가 높은 홍익인간의 단군 신화 는 대략 4500년전을 시대 배경으로 하고 있다. 한국보다 역사 발전 단계가 한 두 단계 빠른 중국에서도 5000~4000년전은 5제(황제, 전욱, 제곡, 요, 순)의 전설 시대에 해당한다. 물론 4500~2500년전 까지 한반도 지역을 다스린다는 대 단군 조선(위)은 선사시대를 무대로 한 소설에 불과하다. 현대 남한에서는 한 때 단군 조선 을 역사로 격상시키려는 무모한 시도가 있었지만 현재는 일단 숨을 죽이고 있다. 말기 조선 이래 단군 은 대종교 같은 민족 종교의 수장이 되기도 하고 현재 개천절 같은 국경일도 지정되어 있지만 단군 조선 이 역사일 수는 없다. 단군/ 단군 조선은 신화를 바탕으로 하는 민족주의의 한 흐름이라 보아야 하지 그 이상은 아니다.

그 외에도 이른바 단군 은 하나의 기원(2018 용어, 2023 부록)을 설정하는 방식으로 원용되고 그러한 연역적 방식의 기원론은 상당한 폐단을 낳는다. 거의 대부분의 민족 집단(민족 1)은 여러 집단이 혼합 또는 결합해서 형성되는 것이지 어떤 하나의 기원 을 갖는 것은 결코 아니다. 단군 기원에 대해서 고인류학계에서도 비판적인 입장을 낸 바 있다(이상희 2023)(19장). 여하튼 단군(단군 2) 같은 원형(prototype)을 설정하는 방식은 민족 집단 연구에서 전혀 바람직하지 않다. 어떤 하나의 기원 에서 유래하는 어떤 집단 이란 것은 전형적인 연역적 방법이다. 예를 들면 원 알타이어(proto-Altaic)/ 원 한국어(proto-Koreanic) 등을 설정하는 언어학계의 계통론(성백인 1996)의 연역적인 방법은 문제가 많다.

7 일본 문제

한반도 3조 는 기본적으로 대 북국(4)/ 대 중국(5)의 정치적 조건 하에 있긴 하지만 일본도 가끔씩 변수로 작용한다. 임진왜란(1592~8)이 대표적이다(김시덕 2015)(3장). 그 사건을 중심으로 조선조가 전기와 후기로 나뉘기도 하는데 조선조는 그 뒤에도 그대로 유지된다. 임진왜란을 계기로 해서 한국 민족이 성립한다는 설(김자현 2019)은 문제가 많다. 다만 그 사건이 북국 제국(25 a 23) 청 이 등장하는 데 일정한 영향을 준 것은 사실이다. 말기 조선 한반도에서 동 아시아 중세의 보편이 서서히 무너지는데는(6) 일본이 상당한 역할을 한다. 근대 일본(박훈 2025)은 그 나름의 궤적을 그리지만 그 국가와 얽힌 근대 한국은 매우 복잡한 상황이 된다.

개화파

개화파(박훈 2025)(2부 6장)는 1880년대와 1890년대에 걸쳐서 일본의 지원을 받는데 한반도에서 유교적 보편이 와해되는데 일조한다. 비록 1884년의 갑신정변은 실패로 돌아가지만 그 여파로 1885년(2024 b) 청이 동 아시아 중세의 보편을 벗어나는 여러 조치를 취한다. 이미 1882년 임오군란을 제압하기 위해서 청의 군대가 한반도로 들어가고 바로 그들이 갑신정변을 진압하는데 1885년을 지나면서 그 간의 동 아시아 질서는 다른 국면으로 치닫는다(원세개가 조선의 주차관이 되고 거의 총독의 지위를 행사한다, Larsen 2011, 5장). 거의 10년이 지난 다음 일본이 동학농민을 진압하고 청일 전쟁을 치르면서 드디어 개화파가 주도권을 잡고 갑오개혁(1894)과 을미개혁(1895)을 실시한다.

갑오개혁(위) 당시 군국기무처(고려조의 도평의사사/ 조선조의 비변사 의 후신으로 최고 정책 결정기관인데 김홍집이 총재를 맡는다)의 첫번째 의안이 개국기원(아래) 사용 이란 것도 동 아시아 중세의 핵심이라 할 수 있는 책봉 체제가 변화한다는 것을 잘 말해주고 있다. 그래서 1894년은 개국 503년이 되고 1895년은 개국 504년이 된다. 또한 개국 504년 음력 11월 17일을 다음 해 양력 1월 1일로 환산해서 1896년은 건양(建陽) 1년이 된다. 그 과정에서 1895년의 (음력) 11월 17일에서 12월 30

일은 한반도 역사에서 사라지는 셈이다. 그러한 조치도 개화파를 통해서 일본이 영향력을 행사한 것이라 할 수 있는데 상당 기간 일본은 한국의 개화파(친일 개화파, 아래)의 후원자 역할을 한다.

동 아시아 중세의 책봉 체제 하에서는 외곽의 주변국이 구 중국의 연호를 사용한다. 다만 원과 청(북국 제국, 4)이 구 중국의 체제를 물려 받는 때는 그들의 연호를 사용한다. 그리고 다른 북국인 요와 금이 세력이 강할 때는 일시적으로 외교적 수단의 일환으로 그 연호를 사용한 적이 있다(요 성종의 통화 統和 란 연호가 대표적이다). 오랜 기간의 책봉 체제를 대변하던 구 중국 연호가 폐지(1894)되고 양력 사용도 의결(1895)이 된다는 것은 동 아시아 중세의 유교적 보편(위)이 무너지고 '해양 대 대륙'의 대 전환(25 a 6)이 온다는 것을 명시적으로 말해 준다. 개화파는 친일 개화파(함재봉 2017)(서론)가 주축을 이루는데 그 가운데 급진 개화론(이삼성 2009 b)(12장)이 따로 분류되기도 한다.

식민 국가

말기 조선 한반도 지역이 유교적 보편에서 민족 으로 가는 데에 일본이 큰 역할을 한다는 것은 위에서 언급한 바와 같다. 그런데 일본은 거기서 그치지 않는다. 왜냐하면 메이지 유신을 통해서 근대화에 성공해서(박훈 2025)(1부) 그 지역의 강자로 거듭 난 일본은 점차 다른 역할을 하게 되기 때문이다. 일본은 이후 제국주의/ 군국주의로 치닫는다(상동)(3부). 한반도는 일본의 보호국의 위치로 떨어지고 결국 식민지로 편입되어 식민 국가(윤해동 2022)의 지배를 받는다. 당시는 말하자면 식민지 근대 인 셈이다. 일본 제국주의 식민 국가(총독부) 지배 하의 한반도에서는 민족주의가 부각된다(8). 그 기간은 민족/ 민족주의 가 더 득세하는 시기이기도 하다.

이른바 식민지 근대화 논은 남한(대한민국)의 역사 해석에서 큰 파문을 던진다. 그 논의는 상당 기간 남한 학계를 주도한 내재적 발전론(수탈론)에 대한 비판적 대안으로 등장한다. 내재적 발전론은 한국사의 숨은 신(윤해동 2009)이라 지칭되는 한 연구자의 조선후기 농업사 연구(김용섭 1970)에서 시작된다. 자본주의 맹아론 이라 불리기도 하는 그 이론은 이른바 식민 사관의 타율성론/ 정체성론을 극복하기 위한 것이란 평가를 받는다. 그 이론의 조선조 후기 경영형 부농 이란 개념은 소농 사회(이영훈 2016)(6장)란 개념의 도전을 받는다. "수량경제사로 다시 본 조선 후기"(이영훈 외 2004)란 책 등에서 이루어진 조선 후기 경제 분석이 위의 농업사 연구 비판의 근거가 된다.

식민지 근대화 논자들은 이전의 논의와는 달리 그 식민지기를 문명사의 대 전환(이영훈 2007)(2부)이란 시각에서 보아야 한다는 주장을 한다. 다른 책(이영훈 외 2020)에서도 그들 연구자들은 서구 문명의 확산 이란 큰 틀에서 식민지 근대화(5편)를 보아야 한다는 입장을 재차 강조한다(20장, 김낙년). 그러한 논리적 바탕 위에서 식민지 수탈설을 비판하고(이영훈 2007)(2부 4장) 대신 식민지 근대화 논을 제시하는 방식이다(상동, 2부 5장). 한 정치학자는 식민지 근대화 논이 근대화 지상주의(이삼성 2009 b)(12장 2, 3)에 해당하고 급진 개화론(위)이 식민지 근대화 논의 역사적 지적 기반이 된다는 해석도 내놓는다(상동, 12장 3).

위의 정치학자는 식민지 근대화 논자들이 각종 자력 근대화 논(민중/ 시민/ 근왕주의 세 가지가 있다)을 부정하고 두 가지의 좌절을 그 바탕에 깔고 있다는 분석도 내놓는다. 그 좌절이란 것은 급진 개화론 등의 엘리트적 개혁 시도와 동학 운동 등의 민중주의적 개혁 시도가 모두 성공하지 못한 데서 오는 것이라는 논지다. 그리고 기본적으로 식민지 근대화 논은 탈 민족적인 성향을 보인다고 평가한다. 보편 대 민족 이란 도식에서 볼 때 동 아시아 중세의 유교적 보편 다음에 민족에 관한 논의가 나오고 그 이후에 탈 민족 이 나온다. 그렇다고 한다면 민족 에 관한 논의 이후의 탈 민족 논 이란 맥락에서는 식민지 근대화 논자들의 논의는 기본적으로 큰 무리는 없다고 할 수도 있다(25 a 14).

반일

남한(대한민국)에서는 아직까지 친일/ 반일 논쟁 이 뜨겁다. 물론 친일 이란 것이 멀리 말기 조선의 개화파(위)까지 올라 간다는 것도 사실이다. 친일 개화파(함재봉 2017)(서론)는 한말에 한반도 지역이 동 아시아 중세의 유교적 보편에서 벗어나서 근대의 민족 으로 넘어가는 과정에서 일정 부분 공헌을 한다. 그 과정에서 조선조의 제2계급 즉 중인 계급이 협력자로 활동한다는 것도 잘 알려져 있는 편이다(이영훈 2007, 6장). 갑오개혁 당시의 핵심 기관인 군국기무처(위) 의원 가운데 절반이 서얼 출신 이란 설도 있다. 당시 이노우에 공사는 비교적 합리적인 행위를 한 것이란 평가도 있지만 청일/ 러일 전쟁 승리 이후 일본은 제국주의 군국주의(위) 화 한다.

말기 조선의 마지막 구간에서 당시 대한제국은 을사조약(늑약 이란 용어도 사용된다)을 통해서 보호국(1905~1910)으로 가는데 그 과정에서 일본에 협력한 이완용을 비롯한 이른바 을사 5적 은 지명도가 꽤 높다. 조선조 더 정확히 말해서 대한

제국(위)의 왕실이 이왕(李王)이란 칭호를 받고 신분을 유지한 것(이왕직)도 당연히 비판의 칼날을 벗어날 수 없다. 한편 식민지기(1910~1945)의 식민 국가(위)에서 협력한 사람들도 친일파로 규정이 되고 반 민족적 이란 레벨이 붙기도 한다. 식민 국가의 통치 기구인 조선총독부 에서 일한 인원 가운데 고위직은 더 그러하다. 그렇지만 식민지 근대에서 회색 지대(윤해동 2003)(1장)가 존재한 것도 사실이다.

앞서 나온 식민지 근대화 논의 대표적인 인물은 현대 남한의 반일 을 종족주의 라고 비판하는 견해를 피력한다. 반일 종족주의(이영훈 외 2019)란 책에서 나오는 바의 '종족주의의 상징과 환상'(2부)/ '종족주의의 아성, 위안부'(3부)란 부분에서 그것이 집중적으로 드러난다. 그 가운데서도 독도 란 섬이 반일 종족주의의 최고 상징 이란 진단을 내놓는다(2부 13장). 한국에서 독도는 신성 불가침한 존재가 되어 있다. 서울 소재 한 대학의 겸임 교수는 유튜버들이 본격적으로 등장하기 전에 이미 전형적인 유튜버의 방식으로 오랜 기간 독도를 거의 생계 수단 비슷하게 활용한 바도 있다(유튜버 적인 삶의 원조

격이라 할 만하다). 정치 지도자들이 단기적인 정치적 목적으로 독도를 활용한 적도 있다(아래).

외교 문제는 정파를 막론하고 국익을 위해서 실용주의적으로 접근하는 것이 정상적인 상황임이 분명하다. 그런데도 남한의 역대 정권은 수시로 반일 을 국내 정치적인 목적을 위해서 사용한다. 보수/ 진보 를 막론하고 그러한 현상이 벌어진다. 민주화파가 정권을 잡고 있던 때에도 노골적으로 반일을 정치적으로 이용하는 행태를 보이기도 한다(문재인 정부). 그 직전에는 대통령이 독도를 방문해서 조명을 받은 적도 있다(이명박 정부). 미래 지향적 한 일 관계를 위해서는 한 일 청구권(1965)을 기본적으로 인정하고 일본 역대 정부에서 역사 문제에 대해서 사과 내지 사죄 한 부분을 감안해서 외교적 행위를 해야 한다. 젊은 세대의 일본에 대한 자신감은 분명 긍정적인 면이 있다.

8 근대인

근대 한국 은 동 아시아 지역 중세의 유교적 보편 이 무너지고 민족(6)이 등장하면서 진행이 된다고 할 수 있다. 한반도 3조(3)에서 현대 2국가 2국민으로 넘어가는 근대 과도기(1885~1953)에 대해서는 그 동안 남한 학계에서 상당 부분 논의가 진행된 바 있다. 특히 그 한 구간인 식민지기(1910~1945)에 대해서는 두 가지 상반되는 해석이 나온다. 또한 남한 학계에서는 근대 한국 의 근대인(아래)에 대해서 몇 가지 분석이 나온다. 그렇지만 근대인에 대한 과도(過度)한 논의(함재봉 2017)(서론)는 그 자체가 바람직하지 않다. 왜냐하면 근대인은 현대의 2국가 2국민이 형성되기 전의 과도(過渡)기 적인 존재일 수밖에 없기 때문이다.

근대 과도기

한반도의 근대는 조선조가 막을 내리는 말기 조선(한말)에 시작한다. 임오군란과 갑신정변으로 조선의 체제가 상당히 흔들리는 시점에 북국 제국 청(구 중국의 책봉 체제를 이어받는다)은 새로운 단계로 넘어간다. 청이 한반도 국가에 직접적으로 개입하고(책봉 체제 하에서는 일어나지 않는 일이다, 7) 다자적 제국주의(Larsen 2011)(3장)를 채택하기 때문이다. 이후 동 아시아 지역 중세의 보편 을 대표하는 구 중국의 책봉 체제가 서서히 무너지면서 근대의 민족(6)이 등장한다. 그 과정에서 일본의 지원을 받은 개화파가 일정 부분 역할을 한다는 것은 앞서 논의한 바와 같다. 다만 한반도 국가가 무국(stateless)의 상태로 가기 때문에 민족 국가(국민 국가)의 단계를 밟지는 못한다.

한반도 지역의 근대 과도기 는 세 개의 구간으로 시대구분할 수 있을 듯하다. 전환기(1885~1910)/ 식민지기(1910~1945)/ 해방 분단 전쟁기(1945~1953) 이다. "재회"(2025)에서는 근대 과도기 를 과도기/ 식민지기/ 해방 분단 전쟁기 로 시대구분 했는데 그때의 과도기는 근대 과도기(과도기 1) 가운데 한 구간인 과도기(과도기 2)을 말한다. 근대 과도기의 한 구간을 지칭하는 데는 문명사의 전환 같은 큰 범주로 사용되는 전환(25 a 6)이란 용어가 적절하지 않다고 볼 여지가 있어서 용어를 바

꾼 것이다. 근대 과도기(과도기 1)의 첫번째 구간인 그 과도기(과도기 2)(일명 전환기, 위)의 시작은 여러가지 기준에서 설정할 수 있겠지만 여기서는 1985년 설(2024 b)을 채택한다.

근대 과도기 는 과도기(전환기)/ 식민지기에 이어 해방 분단 전쟁기(위)가 진행이 된다. 그 시기도 이른바 인식("해방 전후사의 인식" 1978~89)과 재인식("해방 전후사의 재인식" 2006) 두 진영 사이에 인식의 차이는 있겠지만 해방 분단 전쟁기 란 시기 구분은 적절한 것이라 보인다(아래). 참고로 '해방 분단 한국전쟁의 총체적 인식'(박명림 2006, 서론)이란 글에서는 해방과 분단(해방 3년사 정치 갈등의 전개)/ 분단과 조국통일운동(1948~50년 남북한 정치사)/ 전쟁과 분단(한국전쟁의 총체적 인식)의 소 제목으로 그 시기가 자세하게 분석되고 있다(각각 7/ 8/ 9장). 다만 그 내용이 '민족과 혁명의 이중주'(위의 "재인식", 1부 첫번째 글, 3)란 비판에서 자유롭지 않을 수도 있다.

근대인 논

대략적으로 말해서 1300년전의 모태(2) 집단이 한반도 3조(3)를 통해서 형성되는 한반도의 민족 집단(25 a 15)은 근대 과도기(위)를 거쳐서 2국가 2국민 을 이룬다. 그 집단은 근대 과도기(1885~1953)에 이른바 근대인(과도기적 존재다)을 거치는 셈이다. 그 근대인에 관해서는 남한 학계에서 두 가지 연구가 나와 있다. 하나는 근대 소설을 분석해서 근대 한국인의 초상을 그려보는 시도(최정운 2013)인데 홍길동 성춘향에서 시작해서 신 소설의 인물과 민족주의자들 그리고 이어지는 대도시 지식인들과 근대적 민중 영웅 까지 다루고 있다("한국인의 탄생"). 그 저자의 다른 책(최정운 2016)은 근대인이 아니라 현대 2국가의 하나인 한국 사람(더 정확히 말해서 한국 사람 1 즉 남한인)을 다룬다.

다른 하나는 지명도가 꽤 높은 "한국 사람 만들기"(함재봉 2017)다. 그 책 제목의 한국 사람 은 남한인 만을 의미하는 용어는 아닌 듯하다. 말하자면 한국 사람(남한인, 25 a 1)보다는 한국 사람 2(25 a 3)("한국인의 발자취" 김병모 1992, "한국인의 기원" 박정재 2024, "조선 사람의 기원" 장우진 1989 가 그 범위에 든다)에 더 근접하는 의미인 듯하다. 그런데 그 책에서 다루는 이른바 '다섯 종류의 한국 사람'(함재봉 2017, 서문)은 기본적으로 한반도 3조(특히 조선조)의 사람이 현대 2국가 2국민으로 가기 전에 거치는 과도기적인 단계를 다룬 것이 분명하다. 그래서 '다섯 종류의 한국 사람'은 정확히 말해서 근대의 근대인을 다룬 것이라고 해야 한다.

친중 위정척사파/ 친일 개화파/ 친미 기독교파/ 친소 공산주의파/ 인종적 민족주의파 의 다섯 종류의 한국 사람 즉 근대인 은 다섯 가지 대안 또는 담론의 틀 또는 계보학(상동, 서문)이란 화려한 수사와는 별 상관없이 그냥 과도기적인 근대인을 분류한 것이라 해도 그다지 틀린 말이 아닐 것이다. 결국 '다섯 가지 한국 사람'은 최정운의 첫번째 책(2013)에서 근대 소설의 분석을 통해서 언급한 근대인 과 다름없는 존재라 할 수 있다. 다만 그것이 현대 2국가 2국민 과 어떤 관련이 있을 수 있다는 것을 대안, 담론, 계보학(위)이란 용어로 암시할

뿐이다. '다섯 가지 한국 사람' 논은 그 근대인 이 어떤 같음(공통점)을 갖고 있는가 가 아니라 어떤 다름(차이점)이 있는가를 강조하고 있다는 한계도 있다(아래).

대체로 하나의 민족 집단 이란 것은 그 같음(공통점)에 의거한 것이지 다름(차이점)에 의거한 것이 아니다(2022 색인). 영국인(the Britain, UK)도 그 구성원인 (앵글로 색슨, 쥬트 등으로 이뤄지는)잉글랜드인과 스코틀랜드인/ 웨일스인/ 북 아일랜드인과 서남 아시아계/ 아프리카계/ 동 아시아계(Britons)의 다름이 아니라 그것을 넘어서서 같음 에 입각한 개념이다. 마찬가지로 한국 사람 은 그것이 한국 사람 1(남한인)이건 한국 사람 2(남한인, 북한인, 디아스포라 동포, 한반도 3조 사람 등)이건 그 같음(공통점)에 초점을 맞추어서 설명해야 한다. 그렇다고 한다면 '다섯 종류의 한국 사람'은 문제가 있는 접근이라고 할 수밖에 없다. 그 책은 일찌감치 방향을 상실하고 관성에 의해서 후속 책이 계속 나오고 있다

민족주의

민족(아래)은 근대의 산물 이란 것이 남한 학계의 대체적인 의견이다. 그렇지만 그것이 반드시 한반도의 민족 집단(25 a 15)(민족 1)이 근대에 와서 나온다는 것을 의미하는 것은 아니다. 그 집단은 적어도 2000년전 이래의 3한 지역의 집단이 모태(2)가 되어 한반도 3조(3)를 통해서 형성이 되기 때문이다. 근대의 어느 시점에 한국(조선) 민족이 나온다는 시점론(2023 부록)도 문제가 많다. 무엇보다 근대의 민족 은 중세의 보편 이란 말과 대비되는 용어라고 보아야 한다. 특히 한반도(조선반도) 지역은 그 이전의 유교적 보편(6)이란 것이 전제가 되고 그 선상에서 근대의 민족이 나온다. 민족이 근대의 산물 이란 것은 그러한 맥락이 전제되는 것임을 분명히 해야 한다.

이미 말기 조선에서 민족 이란 개념이 점차 부상하면서 중세적 보편 을 대신해 나간다. 이전의 구 중국과 조선조에서 사용되던 족류(族類)라는 말은 1890년대에는 동포 라는 말로 사용되다가 이후 1900년대로 가면서 민족 이란 말이 사용이 된다(박찬승 2010)(1부). 민족 이란 어휘는 일본(7)이 서양과 접촉하면서 그 과정에서 번역어로 만든 것인데 근대 중국을 거쳐서 조선으로 들어간다. 특히 당시의 언론(황성일보, 대한매일신보)을 통해서 그 용어가 확산된다. 현재 족류 란 말은 거의 사용되지 않지만 동포 라는 말은 한반도의 민족 집단(25 a 15)과 관련해서 디아스포라 동포(재미 한인/ 재일 교포/ 고려인/ 조선족)/ 디아스포라 비 동포 로 사용된다(25 a 10). 해외 동포 란 말도 방송에서 많이 사용된다.

민족주의 는 말기 조선의 과도기(1885~1910)를 지나서 식민지기(1910~1945)로 접어들면서 불이 붙는다. 초반에는 이광수/ 신채호의 이른바 개화 민족주의/ 저항 민족주의(최정운 2013)(4장) 방식으로 전개되다가 이후 저항적 민족주의가 대세를 이룬다. 특히 1919년을 전후해서 민족 평등/ 민족 자결 등의 외래 사조에 영향을 받고 3.1 만세 운동 등을 통해서도 민족주의는 확산된다(박찬승 2010)(2부). 이후 좌/ 우 의 진영에 따라 다른 경향이 없지 않지만 저항적 민족주의 는 식민지기를 넘어서 해방 분단 전쟁기(위)에도 큰 영향력을 행사한다. 그러한 민족주의는 식민 국가 치하에서는 민족사(아래)란 방식으로 표출되기도 한다.

신채호 등 근대의 몇몇 역사가들이 보편의 동사(25 a 36)를 넘어서서 민족의 한국사(조선사)(25 a 41)로 가는 길을 닦는다. 민족 서사(Schmid 2002)(27장)가 재 정립되고 이른바 계보학으로서의 역사(상동, 28장)가 기발한 상상력을 기반으로 스팩터클하게 전개된다. 민족의 한국사(위)는 현대 남한의 한국사(국사편찬위원회, 1973~78)(23권)로 이어지는데 그 역사는 민족 또는 문화 란 기초 위에서 세워진다(25 a 41). 특히 남한 학계의 민족 문화, 정신 문화, 한국 문화, 한국 민족 문화 등의 용어는 모두 그러한 맥락 위에 서 있다. 민족의 한국사(위)는 어느 정도의 범위를 넘어서 폭주할 때도 있는데 비약의 기원론(1)은 심각한 양상을 보인다.

9 한국 사람

한반도의 민족 집단(25 a 15)은 근대 과도기(1885~1953)를 거쳐서 현대로 접어든다(8). 더 구체적으로는 식민지기에 이어서 해방 분단 전쟁기(1945~1953)를 지나면서 남한/ 북한 의 2국가로 나뉘고 그들 국가는 이후 2국민(인민)을 형성한다. 하나는 남한(대한민국)에서 자본주의적 현대화를 겪은 한국 사람 이고 다른 하나는 북한(조선민주주의인민공화국)에서 사회주의적 현대화를 겪은 조선 사람 이다. 남한/ 북한의 2국민(인민) 집단은 현재 서로 다른 지역적 정체성(2018 용어)을 가진다. 그리고 현대 2국가는 상당 기간 서로 적대적인 관계를 유지하기 때문에 그 괴리는 더 커진다. 그 두 국가는 민족/ 민족 통일이란 이상을 앞세우지만 정치 공세적 성격이 강한 것이었다란 평을 받을 수밖에 없다(10).

남한인

지구 상에는 다 민족 국가(2018 용어)가 적지 않다. 여러 민족 집단(민족 1)이 하나의 국가를 이루는 경우인데 파키스탄

(Pakistan)도 그 가운데 하나다. 그 국가의 영어 알파벳은 각각 민족 집단을 의미하고 맨 앞의 피(p)는 펀잡인(Punjabi)을 말한다. 그런데 펀잡인(그들이 파키스탄의 다수 집단을 이룬다)은 인도와 파키스탄 양국에 걸쳐서 살고 있고 서로 다른 종교를 가진다. 한반도의 민족 집단(24 a 15)도 현재 두 개의 국가에 나뉘어서 살고 있고 서로 다른 이데올로기를 가진다. 바로 남한과 북한 이다. 한반도(조선 반도)에는 남한의 남한인(South Koreans)과 북한의 북한인(North Koreans) 두 집단이 존재한다. 물론 지구 상의 여러 지역에 디아스포라 동포(25 a 10)(ethnic Koreans)도 있다.

통상 남한의 남한인 을 한국 사람(25 a 2)이라 부른다. 그들은 1953년 이래 한반도의 남쪽에서 자본주의적 현대화를 겪은 사람들이다. 북한의 북한인 은 조선 사람(25 a 03)이라 부르는데(10) 한반도의 북쪽에서 사회주의적 현대화를 겪은 사람들이다. 그런데 한국 사람 은 다른 의미도 있다. 이른바 한국 사람 2(25 a 3)인데 남한의 남한인/ 북한의 북한인은 물론이고 그 이전의 근대인(8)과 한반도 3조(3) 사람을 포괄하는 의미다. "한국인의 발자취"(김병모 1992) "한국인의 기원"(박정재 2024)의 한국인 즉 한국 사람 은 한국 사람 2 의 의미다. 말하자면 "조선 사람의 기원"(장우진 1989)의 조선 사람 2 와 거의 같은 의미다. 한국 사람 2 와 조선 사람 2 는 같은 의미인 셈이다.

참고로 해방 분단 전쟁기(1945~1953)에 한반도 북쪽(양계 지역)에서 남쪽으로 내려온 이른바 이북 사람(위)들은 남한에서 자본주의적 현대화를 겪은 집단이다. 따라서 그들은 그들의 출신지와는 상관없이 한국 사람 이고 한국 사람 이란 정체성을 갖는다. 그들의 2세, 3세는 더 분명하게 한국 사람 의 정체성을 가진다. 그들 집단이 해외로 나간 경우도 디아스포라 한국 사람(25 a 11)이다. 한국 여권을 가지고 나가서 현지에서 영주권을 취득할 때도 한국(남한)의 재외국민 자격을 가지기 때문이다. 반면 디아스포라 조선 사람(25 a 11)은 북한에서 사회주의적 현대화를 겪은 집단이 북한 밖으로 나간 경우다. 그들의 상당수가 한국(대한민국)으로 들어가는 이른바 탈북민 이다. 탈북민 이 다시 해외로 나간 경우도 있다(10).

대한민국

남한(위)의 공식 명칭은 대한민국(ROK)인데 그 국가는 해양(25 a 4) 세력의 영향 하에서 자본주의적 현대화를 겪는다. 대한민국은 정치 경제 사회 문화 모든 면에서 조선민주주의인민공화국(DPRK)과는 다른 점이 많다. 정치 체제도 대한민국(남한)은 상대적으로 민주주의에 가깝다. 조선민주주의인민공화국은 국호와는 달리 민주주의 보다는 권위주의(Autocracy)에 훨씬 더 가깝다. 물론 대한민국도 1960~80년대는 권위주의 체제였지만 1980년대 후반 이후 민주주의 체제로 전환하고 현재는 상대적으로 민주주의 체제에 가까운 정부를 운영한다. 반대로 조선민주주의인민공화국은 줄곧 전제주의에 가까운 권위주의 체제를 유지한다.

동 아시아 현대에서 해양(위) 세력은 일본(7)과 미국이 중심을 이루는데 일본과 미국은 한 때는 반목한 사이지만 현재는 민주주의 란 같은 가치를 공유하는 동맹국이다. 대한민국도 일찌감치 자본주의 진영으로 편입되어 국가 경제가 통상에 의존하는 통상 국가의 대열로 간다. 현재 무역을 통한 부의 축적 덕분에 경제 규모가 세계 12위 전후에 든다. 미국을 중심으로 한 동맹 체제의 한 축으로 군사력도 세계 6위권이란 평가를 받는다(다만 북핵이 변수다). 한류도 만만치 않다. 30-50 클럽(인구 5000만 이상으로 일인당 국민소득 3만불 이상의 국가)에 들어가는 국가지만 스스로 소국(도시 국가 또는 인구 1000만명 수준 국가)이라 비하하는 경우도 있다. 한 때 강소국논(이회창 대선 구호)이 유행한 적이 있는데 현재도 살아 있다(한화 그룹 방산 광고).

현재 대한민국이 처한 가장 중요한 문제는 안보와 관련한 것이다. 한반도의 정치 경제가 안보와 직결되어 있기 때문이다. 상당 기간 이른바 안미경중 즉 '안보는 미국/ 경제는 중국'이란 정책이 큰 무리 없이 진행되지만 신 중국(25 a 7)의 산업 고도화 과정이 거의 완성되어 감에 따라 다른 국면으로 접어들고 있다. 그 동안 신 중국이 필요로 하는 중간재(부가 가치가 꽤 높다)를 한국이 공급하는 밀월 관계가 거의 끝나가는 시점에 맞추어 신 중국은 도리어 경제를 무기로 하는 압박을 가하고 있다(한한 限韓 령도 그 일환이다). 미국도 더 이상 신중국의 부상(굴기 崛起)을 보고만 있을 수는 없는 상황이라 한국에 다른 역할을 주문하고 있다(주한 미군의 역할 변경까지 요구하는데 이른바 전략적 유연성 이란 개념이다).

박쥐 전략 은 더 이상 유효하지 않다는 분석도 나온다(김시덕 2024)(1부 1장). 여하튼 현 시점에서 단기적으로는 정치 경제가 얽힌 안보 문제(위)가 중차대한 일임이 분명하지만 장기적으로는 민족 소멸 문제도 심각하다(25 a 1). 급격한 출산율 저하로 말미암은 인구 문제는 이민 사회가 가장 현실적인 대안임에 틀림없다(상동, 1부 3장). 이민 사회가 성공적으로 정착하기 위해서는 우선 한국 사람(위)이 한국 민족 이 아니라 한국 시민(25 a 1)으로 인식되는 것이 중요하다(아래). 대한민국은 다 종교/ 다 이념 의 사회인 것은 분명한데 다 문화 도 중요한 문제도 부상할 듯하다. 그 세가지의 조정 문제도 난제인데 다 문화(위)와 관련해서도 양극화 완화와 교육 격차 해소가 중요하다.

초국과 탈 민족

근대 과도기(1885~1953)는 물론이고 현대 2국가에서도 민족(6)은 중요한 역할을 한다. 남한에서는 각종 민족 공동체(25 a 11) 논도 나오고 민족 통일(이 때의 민족은 민족 집단/ 국민 이 아니라 2국가 상위의 이른바 민족 3 이다, 2023 부록)도 중요한 이슈가 된다. 그렇지만 민족주의(8)는 많은 문제점을 노정한다. 특히 남한(대한민국)은 더 그렇다. 인구 문제 등으로 인해서 한국 민족 보다는 한국 시민 의 방향으로 가야 하는 상황이 분명한데도(25 a 1, 2) 민족주의 가 시민적인 방식으로 시민 교육을 지향하는 데에도 큰 장애물이 될 것이기 때문이다. 또한 민족주의 는 비약의 기원론 의 토양이 되고 유사역사학 도 그러한 기반 위에서 창궐한다(1).

한민족 공동체(정영훈 외 2017)(1부) 논자들은 위정척사론/ 사회주의/ 기독교 등을 대표적인 탈 민족적 흐름으로 보는데(정영훈 의 2014)(세번째 글) 그것은 탈 민족적 이라고 하기보다는 보편 에 해당하는 것이 보는 것이 더 타당할 듯하다. 위정척사(衛正斥邪)는 동 아시아 중세의 유교적 보편과 관련이 있고(6) 사회주의도 원래는 민족주의 보다는 더 보편적일 수밖에 없는 국제주의와 더 친연성이 있는 사상이고 기독교는 기본적으로 중세 유럽의 보편을 상징하는 종교 사상이란 것은 말할 것도 없다. 여하튼 그들은 현재 남한의 탈 민족적 상황에 대해서 비판적인 입장(정영훈 외 2017)(2부)인 듯한데 민족주의를 옹호하는 입장은 이해가 가지만 현재의 인구 문제(위)는 집단의 생사가 달린 문제다.

위의 한민족 공동체 논자들은 한국 사람(남한인)과 디아스포라 동포(재미 한인/ 재일 교포/ 조선족/ 고려인)의 초국적인 네트워크를 구축하는 것이 목표인 듯하다. 이른바 민족과 초국의 결합이다. 그렇지만 민족과 초국(transnational 1)이란 것은 그다지 잘 어울리는 조합은 아닌 듯하다(25 a 11). 홍범도의 예(육군사관학교에 그의 동상을 세웠다가 철거 이전한 사건이다)에서 보듯이 탈 민족과 초국 의 조합이 훨씬 더 모순이 적다. 19세기 후반 간도로 넘어가서 연해주 쪽에 살다가 다시 중앙 아시아로 이주한 그 인물은 탈 민족적이고 초국적인 삶을 산다.

신 자유주의적 세계화가 의미하던 초국(이삼성 2018)(13장 13)도 얼마 안 있어 한계에 부딪히고 현재는 트럼프 미국 대통령의 도전을 받고 있다.

현대 남한 에서는 저항적 민족주의(8)가 발전론적 민족주의(박정희 시대의 개발 독재와 관련이 있다)로 이어진다. 1990년대에는 열린 민족주의(남한의 민주화와 그 당시의 세계화 흐름과 관련이 있다)가 대두하고 2000년대에는 보편적 세계주의가 나온다(윤인진, "한국민족문화대백과사전" 민족주의). 또한 이른바 세계화(위)가 진행되면서 탈 민족(transnational 2)의 경향이 나타나는데 크게 보면 보편 〉 민족 〉 탈 민족 의 단계를 밟는 셈이다. 참고로 식민지 근대화 논자도 탈 민족적 경향을 보이는데(7) 민족주의에 대한 비판 이란 측면이 분명히 존재한다. 특히 반일 이란 현상에 대해서 더 적극적인 발언을 하고 있다.

10 조선 사람

조선 사람 이란 용어는 두 가지 의미가 있다. 하나는 조선반도(한반도)의 역사 공동체 조선(한국)의 조선(한국) 민족 이란 의미이고(조선 사람 2)(9) 다른 하나는 현대 북한(조선민주주의인민공화국)에서 사회주의적 현대화를 겪은 조선 사람 이다(조선 사람 1). 여기서 조선 사람 은 후자 를 말하는데 현대 남한(대한민국)에서 자본주의적 현대화를 겪은 한국 사람 과 대비되는 용어이다(9). 조선 사람 은 사회주의적 현대화를 겪은 만큼 국민 보다는 인민 이란 용어를 선호하고 그들 국가의 이름(조선민주주의인민공화국)에도 인민 이란 용어가 들어가 있다. 한반도(조선 반도)의 남쪽에서 자본주의적 현대화를 겪은 한국 사람 은 인민 이란 호칭을 사용하지 않는다.

북한인

1953년 이래 한반도(조선 반도)의 북쪽(양계 지역)에서 사회주의적 현대화를 겪은 집단이 바로 북한인 인데 조선 사람 이라 불린다. "한국사람 만들기"(함재봉 2017)(서론)의 한 부분인 조선 사람 만들기(1부)의 조선 사람 은 북한인 이 아니라 한반도 3조(3) 사람 그 가운데서 조선조(1392~1910)의 사람을 말한다. 고려 사람 대 조선 사람(1장)이란 논의를 보면 그 연구자는 고려조와 조선조를 단절적인 것으로 보는 입장 위에서 있는 듯하다(고려 조선 양조의 사회적 연속성 은 앞에서 논의한 바 있다, 3). 본서에서 현대 북한 의 북한인을 의미하는 조선 사람 은 현대 남한의 남한인을 의미하는 한국 사람 과 대비되는 의미로 사용한다(조선 사람 2 는 다른 의미다).

현대 북한의 조선 사람 은 그 일부가 북한(조선민주주의인민공화국) 밖으로 나가서 이른바 디아스포라 조선 사람(25 a 11)을 이룬다. 그 가운데 다수가 남한으로 들어가는 탈북민 이다. 디아스포라 조선 사람 은 당연히 남한의 한국 사람(9)이 남한(대한민국) 밖으로 나가는 디아스포라 한국 사람(25 a 11) 과는 구분이 된다. 디아스포라 한국 사람 이 1962년 이후 북미/ 남미/ 독일/ 호주 등으로 나간 것과 비교해서 디아스포라 조선 사람은 1990년대에 국경을 접한 신 중국(25 a 7)으로 많이 나가고 그 가운데 상당수가 남한으로 들어간다. 그들 집단은 탈북민 이라 불린다. 탈북민 은 대부분 남한에서 정착하는데 그 극히 일부가 다시 미주 유럽 등으로 가는 경우도 있다.

디아스포라 조선 사람 의 대다수를 이루는 탈북민 은 1953년 이전에 북한 지역에서 남한 지역으로 들어간 이른바 이북 사람(9)과는 다른 집단이다. 이북 사람 은 이미 남한에서 자본주의적 현대화를 거쳐서 한국 사람 의 일부를 이루고 있기 때문이다. 이북 사람 2세/ 3세 는 거의 한국 사람 의 정체성을 가지고 있다. 물론 탈북민 도 그 자신이 남한에서 뒤늦게 자본주의적 현대화 과정을 밟고 있는 중이지만 정체성 이란 면에서는 조선 사람 과 한국 사람 의 2중의 의식을 가지고 있다고 할 수 있다. 그들 집단의 남한 사회 적응 문제도 주요 현안 가운데 하나 라 고 할 만하다. 탈북민은 대부분 디아스포라 동포(고려인 조선족)과 비슷한 직종의 일을 하고 있다.

조선민주주의인민공화국

한반도 현대 2국가의 하나인 조선민주주의인민공화국(DPRK)은 대륙(25 a 5) 세력의 지원 하에 한반도 북쪽에서 성립한 국가다. 1917년 이래 유라시아 대륙의 북부는 이른바 북방 사회주의(4)의 영역으로 들어간다. 볼셰비키의 구 소련(USSR)은 당시 러시아 제국의 일부를 이루던 시베리아와 극동 아시아를 차지한 것은 물론이고 이어서 몽골을 사회주의화 한다. 다시 중국 공산당(1921~)을 지원해서 중국 대륙을 공산화하고 신 중국(1949~)이 성립한다. 구 소련과 신 중국의 지원으로 한반도의 북쪽은 사회주의 정권이 들어서서 1953년 이래 사회주의적 현대화를 겪고 그 지역의 사람들은 북한 즉 조선민주주의인민공화국의 인민(위)으로 거듭난다.

조선민주주의인민공화국은 매우 독특한 모습을 보이는 현대 국가다. 그래서인지 인류학자들의 주목을 받기도 하는데 기어츠(Gearts) 가 말하는 극장 국가 란 측면에서 분석한 연구도 있다(권헌익 정병호 2013). 북한의 이른바 극장 국가 방식의 과시의 정치(2장)에 주목한 그 책은 북한이 현대적 통치 기술을 가진 국가임을 밝히고 그 한계를 어떻게 극복할 것인가 란 문제를 던지고 있다. 영어판 부제의 카리스마 정치(charismatic politics) 란 용어가 한국어판 부제에서 '카리스마 권력은 어떻게 세습되는가'로 바꾸어 단 것에서 볼 수 있듯이 세습적 카리스마도 깊이 있게 다루고 있다. 대 국상(1994)(1장)과 총대 정치(3장)와 도덕 경제(6장) 등도 주요 논점을 이룬다.

북한 즉 조선민주주의인민공화국은 사회주의적 현대화를 완성하고 나름의 정체성 확보에 힘써왔다. 밖으로는 민족과 통일(아래)을 주장하고 민족의 동질성을 언급하지만 안으로는 역사 등의 분야에서 남한 과는 다른 지역적 정체성(위)을 확립하는 데 전력을 기울여 왔다. 대표적인 것이 북한의 현재 영토인 양계(25 a 31) 지역을 중심으로 하는 역사 구성이다. 그래서 평양 지역 중심의 본토설(25 a 33)을 주장하고 고구려와 발해(25 a 32) 등 북국을 중심으로 역사를 구성한다. 고조선 〉 고구려 〉 발해 〉 고려 〉 이조 〉 북한 의 북국 계보론(2018 용어, 2023 부록)이 그것이다. 그 가운데 발해(3) 관련 역사는 남한 학계에서 수입(김영하 1990, 2006)해서 재 사용한다.

1953년 이래 '해양의 자유민주권 대 대륙의 사회주의권'의 구도 하에서 남한(대한민국)과 북한(조선민주주의인민공화국)은 첨예하게 대치한다. 북한이 남한을 위협하는 국가인 것은 분명하지만 다른 역할을 한다고 볼 여지도 있다. 말하자면 이전의 구 중국 과는 달리 신 중국(위)은 남한의 최대의 위협 세력 이란 점을 고려하면 북한 이 어떤 긍정적인 역할을 한다고 할 수도 있기 때문이다. 이른바 북한 완충론(25 a 9)이다. 현실적으로 볼 때 북한 이란 완충 지역 이 없다면 남한은 바로 (구 소련 위협 하의) 이전의 핀란드/ 현재의 우크라이나 와 같은 상황으로 바로 갈 수 있는 상황이다. 남한이 섬 아닌 섬 이 되었다는 불만보다는 북한이 남한에 필수적인 완충 지역 확보 에 공헌한다 는 현실을 인식해야 할 듯하다.

민족 통일

조선민주주의인민공화국은 정치 경제 사회 문화 모든 면에서 대한민국과는 다른 점이 많다. 그렇지만 북한은 줄곧 남한과의 민족 통일(아래)을 주장한다. 그러다가 2023년 연말 김정은 국무위원장은 공식적으로 한반도 2국가를 선언한다. 어떤 면에서는 그 동안 견지해 온 민족(민족 3)(아래)과 관련한 주장이 정치적 구호에 불과한 것이었다는 것을 인정한 셈이다. 남한과 마찬가지로 북한은 현실의 2국가 2국민 논이 헌법에 위배된다는 이유로 또한 반 통일 적 이란 비판을 회피하기 위해서 그것을 인정하지 않고 민족/ 민족 통일 을 부르짖어 왔다. 조평통 등의 기구를 통해서 집요하게 선전 선동 해 온 민족/ 민족 통일 은 그 순수성을 의심받을 수밖에 없는 상황이다.

민족(6)이란 용어는 여러 가지 다른 의미로 사용된다. 그래서 그것을 섞어 쓸 경우에는 상당한 혼선이 빚어질 수 있다. 민족은 대략 3가지 의미가 있다. 먼저 그 용어는 민족 집단

(민족 1)을 의미한다. 지구 상에는 과거에도 무수한 민족 집단이 있었고 현재도 다양한 민족 집단이 존재하고 있다. 인류의 여러 가지 측면을 탐구한 한 저작(Winston 2004)은 마지막 부분(Peoples)에 현재 지구 상의 여러 대륙의 다양한 민족 집단을 소개하고 있다. 다음으로 그 용어는 국민(민족 2)을 의미하기도 한다. 근대 서구에서 나온 개념인 네이션(nation)/ 네이션 스테이트(nation state)는 국민/ 국민 국가 란 의미인데 민족/ 민족 국가 란 말로 사용이 된다.

민족 집단(민족 1) 또는 국민(민족 2) 외에도 민족 이란 용어는 다른 의미로 사용된다. 이른바 민족 3 (2023 부록)이다. 그것은 현재 한반도(조선 반도)에서 2국가 2국민 상위의 그 무엇을 의미하는 용어이기도 하다. 예를 들면 민족 문학(백낙청 2011, 2022 a b)의 민족은 바로 그러한 의미에 가깝다. 또한 남한과 북한에서 내세우는 민족 통일(위)의 민족도 마찬가지다. 말하자면 민족 문학/ 민족 통일 의 민족 은 민족 집단(민족 1)이나 국민(민족 2)(남한의 국민 또는 북한의 인민)이란 의미보다는 남한 북한 2국가 2국민의 상위에 있는 어떤 것을 의미한다. “재인식”(해방 전후사의 재인식, 8)의 ‘민족과 혁명의 2중주’(1부 첫번째 글, 3, 이영훈) 의 민족 도 민족 3 의 의미다.

그러한 2국가 2국민 상위의 민족 3 은 근대 한국에서 식민국가(윤해동 2022)를 거치는 한반도 역사와도 관련이 있다. 왜냐하면 과도기/ 식민지기/ 해방 분단 전쟁기 를 지나는 근대 한국에서 민족 집단(민족 1)에서 국민(민족 2)으로의 이행이 바로 이루어지지 않았고 바로 이어서 2국가 2국민의 상태로 갔기 때문이다. 근대 일본의 경우는 메이지 유신 의 성공으로 민족 집단(민족 1)에서 국민(민족 2)으로 이행이 있었고 다시 제국주의 군국주의 로 가면서 근대적인 국민(민족 2)의 의식이 더 강화된다. 반대로 근대 한국 은 식민 국가(위)를 거쳐서 바로 2국가 2국민 의 상태로 가버렸기 때문에 2국가 2국민의 상위의 무엇(민족 3)이 요청되는 상황이었다고 할 수 있다.

부록 1

저 술

2000년대에 와서 시작한 역사 공부(부록 2)는 많은 자료를 읽고 집필 구상을 하지만 2018년까지 글로 나온 것은 없었다. 여러 가지 요인으로 인해서 학술잡지(역사 관련) 논문 발표는 건너뛰고 바로 책 이란 매체를 선택한다. 첫번째 책(2018)은 그렇게 해서 나온다. 한국 민족(한민족)이란 집단을 기원(아래)을 중심으로 풀어가되 우선 관련 용어를 분석해서 정리하는 작업을 한다. 용어 항목만 200쪽이 넘는데(part 1 용어) 거기에다 13개의 작은 논문과 72개의 주석을 덧붙인다(part 2 부록). 바로 그 논문과 주석이 내 저술 생활 대 장정의 출발점이 된다. 그 기초 위에서 10권의 책이 더 나오고 다시 한 권으로 묶인다(2025).

기원 이론

2018~21년까지 나는 한국 민족(한민족)의 기원(아래)에 관한 책을 출간한다. 그 중간중간에 부록 등을 통해서 기원 이론(Theories of Korean Origins)이란 제목 하에 점차로 업그레이

드된 이론을 내놓는다. 기원 이론(2020 a)/ 기원 이론 2(2020 b)/ 기원 이론 3(2021 a)/ 기원 이론 4(2021 c) 가 그것이다. 기원 이론 5 에 해당하는 글도 있는데 2025년에 출간한 "한국 사람"(아래)에도 기원 이론(42장)이 들어가기 때문이다. 기원 이론 6 에 해당하는 글도 준비 중이다(아래에서 일부 소개한다). 또한 부제를 '기원 이론'으로 달고 나온 책도 있는데 "한민족의 기원에 대한 우리의 인식"(2023)(828쪽)이 그것이다. 상당히 모호(2018 용어)하고 불 확실(2023 부록)한 그 집단의 기원(위)에 대해서 상당 부분 논의가 이루어진 셈이다.

여하튼 기원 이론(위)은 대략 다음과 같은 결론에 도달한다. 한반도 란 지역에서 외래설(아래)보다는 내재론(아래)이 더 적합한 이론 모델이란 것이다(25 a 42). 다시 말해서 시베리아(25 a 46)/ 발해연안(25 a 47)/ 부여(25 a 48)/ 남방 해양(25 a 49)보다는 한반도 내부인 평양/ 3한 지역(아래)에 주목하는 평양설/ 3한설 같은 내재론적인 접근이 더 타당하다는 결론이다. 평양설은 현대 북한을 대표하는 이론이고 3한설은 현대 남한의 유력설이다. 물론 기원 이론(위)은 전통설과 당대설 이란 범주의 분류도 있지만(25 a 42) 여기서는 다루지 않는다. 참고로 한반도의 민족 집단(25 a 15)은 정복자 기원 유형 은 아닌 듯하고 그렇다고 해서 고도의 문명을 기반으로 성립하는 집단도 아닌 듯하다(2018 용어; 2023 부록).

어떻게 말하면 시베리아/ 발해연안/ 부여/ 남방 해양(위)과 평양/ 3한(위)을 제시하는 위의 방식은 지역론(2021 a)이라 할 수도 있다. 그런데 그러한 지역 이란 공간적 요소 보다 더 중요한 것이 있는데 바로 시기 란 시간적 요소다. 같은 내재론(위)이라 하더라도 평양설은 구석기/ 신석기시대를 배경으로 하고 있어 7000년전(BP)을 넘어서 10000년전 그 위로 소급해 올라간다. 그에 반해서 3한설은 대략 2000년전(BP)을 시대 배경으로 하고 있고 최대로 올라가야 3500년전이다. 외래설(위)에 해당하는 이론도 마찬가지인데 시베리아와 해양('틀 그 자체'가 유명하다, 2022)을 거론하는 이론은 7000년전으로 거슬러 올라가는데 비해서 발해연안과 부여 지역 관련 이론은 좀 내려와서 3000년전 정도이다.

한반도의 민족 집단(위)을 기원 이론(위)과 연결시켜 연구한 나는 비교적 이른 시기를 다룰 수밖에 없다. 그렇다고 해서 무한정 이른 시기를 다루는 것은 문제가 있고 해서('비약의 기원론'이란 주제로 논의할 예정이다) 비교적 현실적인 시기인 2000년 전(BP) 전후 시기가 중요하다고 인식한다. 특히 한반도 중남부인 3한 지역(아래)이 더 핵심적인 지역이라 파악하고 한국사 가운데서 고대사, 그 가운데서도 3한 지역의 역사를 집중적으로 공부한다. 한국에서 대단히 많이 찾는 전공 그리고 전공이 뭐냐? 하는 질문에 대답을 해야 한다면 나는 고대사 가운데 3한 지역 이 전공이라 할 수밖에 없다(물론 그쪽을 제대로 전공한 사람들에게는 상당히 실례되는 얘기일 수도 있을 것이다).

여하튼 나는 나름대로 역사 전반의 지식을 넓혀가면서 그 한 분야인 3한 지역을 집중적으로 공부한다. 마침 1980~90년대에 걸쳐서 그 지역의 역사 연구는 상당히 깊숙이 진행이 되고 내가 뛰어든 2000년대는 그 간의 연구 성과를 일괄해서 전체를 보기에 매우 적당한 시기였다고 할 만하다. "3한 사회 형성 과정 연구"(이현혜 1984), '3한의 국에 대한 연구'(권오영 1996/ 박사논문), “고대 한국 초기 국가의 왕과 전쟁”(박대재 2000), “3한 시대의 읍락과 사회”(문창로 2006)가 대표적인 저작이다. 3한 연구(아래)는 한국사 가운데서도 이른 시기인 2000~1700년전(BP)이 대상이라서 그 분야 자체가 고고학(아래)을 깔고 갈 수밖에 없다(부록 2).

당시는 역사학계에서 고고학(위)의 영향력이 커지던 때라 나도 덩달아 고고학 분야에 관심을 가지고 관련 자료를 적극적으로 접한다. 구 중국(25 a 24~30) 연구에서도 고대의 경우에는 땅 속에서 새로운 자료가 나오면서 그 동안 단편적인 자료로 구성한 우수한 연구가 뒤집히는 경우가 적지 않다. 중국의 고대사는 고고학의 자료가 축적되면서 새로운 국면을 맞는 수가 많은데 한국의 고대사도 예외가 아니다. 이현혜(위)에 이어서 권오영(위)도 1990년대 전후해서 박사논문(박사논문이 바로 중요한 연구 업적이 되는 것은 드문 일이다)에 고고학을 상당 부분 원용하고 이후 거의 고고학자 라 해도 좋을 정도로 고고학 연구에 매진하는 듯하다.

3한(위)은 지역(아래) 명이자 민족 집단(부록 2) 명이다. 물론 시대 명으로 사용되기도 하지만 세부적인 면에서 다른 의견이 많다(한국 고고학계에서 이른바 3한시대 는 줄곧 2000년전을 넘어서 2100년전으로 거슬러 올라가는 추세였다). 3한의 민족 집단(위)은 그만두고 라도 한반도 중남부인 3한 지역(위)은 우리에게 그저 그런 단순한 어떤 지역이 아니다. 왜냐하면 한반도 중남부의 무수한 내(川)와 그 주변의 평지와 고인돌은 바로 현재의 한국 한국인(아래)이 있게 한 핵심적인 조건이기 때문이다. 시베리아/ 발해연안/ 부여/ 남방 해양(위)보다는 한반도 그 가운데서도 양계(25 a 31) 지역이 아니라 그 중남부의 3한 지역(위)이 현재의 한반도의 민족 집단(위)과의 관련이 훨씬 더 밀접하다.

3한 지역(위)을 좀더 자세하게 분석하기 위해서 나는 여러가지 시도를 하고 용어도 개발해서 어느 정도의 공헌은 한다고 자부한다. 3한 일관론(25 a 43)이란 용어도 그 가운데 하나인데 나는 학계의 여러 선구자들(김한규, 임지현, 이전, 이종욱)과 함께 3한 일관론자 로 지칭되는 영광을 누린다. 3한의 기원 문제

(25 a 45)에 대해서도 어느 정도 견해를 내놓는 한편 3한 복합체(2018)(25 a 44)란 용어도 구사한다. 한반도 중남부에서 오랜 기간에 걸쳐 만들어지는 그 복합체가 한반도의 민족 집단(위)의 형성에 결정적인 역할을 하는 모태(25 a 18)가 된다. 그것은 당연히 시대 구분(2018, 삼론 4; 2019, F 4) 특히 3한 통합기(기원전후~676)로 구현되고 '국과 통합'이란 내용도 갖는다.

한국 사람, 한국 사람 2

"한국 사람"(2025)이란 책은 일단 한국 사람 에 대한 정의를 시도하고 있다(part 1 한국 사람). 그렇다면 지금까지 한국 사람 이 정의되지 않았다는 말인데 과연 그럴 수가 있는가라는 의문이 있을 수 있다. 물론이다. 그 어휘는 제대로 정의될 수가 없는 여러 가지 상황 속에 처해 있었다. 가장 큰 요인은 남한과 북한의 정치적인 상황이다. 한반도 현대의 그 두 국가는 오랜 기간 2국가 2국민을 인정하지 않고 대신 헌법 또는 통일 전략에서 이상적인 주장이 압도한다(25 a 9). 그래서 헌법에 위배되지 않기 위해서 또는 반 통일적인 입장 이란 공격을 회피하기 위해서 한국 사람 이란 용어는 오랜 기간 모호한 용어로 남지 않을 수 없었다.

한국 사람 은 현대 한반도의 2국가 2국민 가운데 하나인 남한(대한민국)의 남한인 을 의미한다(25 a 2). 그것과 대비되는 말은 조선 사람 인데 2국가 2국민 가운데 다른 하나인 북한(조선민주주의인민공화국)의 북한인을 의미한다(25 a 3). 말하자면 한국 사람(남한인)은 남한에서 자본주의적 현대화를 겪은 집단이고 조선 사람(북한인)은 북한에서 사회주의적 현대화를 겪은 집단이다. 참고로 현재 남한(대한민국)에서 살고 있는 이북 사람(부록 2)과 탈북민 은 좀 다르다. 두 집단 모두 한반도 북부(양계) 출신이긴 하지만 이북 사람(김형석, 김동길 등)은 남한에서 자본주의적 현대화를 겪은 집단이고 탈북민(김신조, 황장엽 등)은 북한에서 사회주의적 현대화를 겪은 집단이기 때문이다.

그 동안 홍길동처럼 할 말을 제대로 할 수 없었지만 이제라도 진실을 말한다면 현대의 한반도 국가는 적어도 1953년 이래 2국가 2국민의 상태로 역사가 진행이 된다. 그 이전은 근대의 과도기(과도기 1)이고 더 이전은 한반도 3조(676~1910)다. 순 방향으로 말한다면 한반도 3조(통일기 신라와 고려/ 조선 양조)가 근대의 과도기(과도기 1)를 거쳐서 1953년 이래 2국가 2국민의 형성 과정을 밟는다. 더 자세히 말한다면 1953년 이래 남한(대한민국)은 자본주의적 현대화를 겪고 북한(조선민주주의인민공화국)은 사회주의적 현대화를 겪는다(위). 2023년 연말 북한의 김정은(국무위원장)이 공식적으로 2국가를 선언하면서 그 진실은 수면 위로 떠오른다.

당연히 한국 사람(남한인)과 조선 사람(북한인)은 동일한 기원(위)을 공유한다. 다시 말해서 1953년 이전에는 그 둘이 같은 집단이라는 것이다. 그 바로 전은 근대의 과도기(과도기 1)이고 또 그 전은 한반도 3조(676~1910)이기 때문이다(위). 과도기 란 말은 두 가지 의미가 있다. 하나는 근대의 과도기(과도기 1)란 넓은 의미의 과도기(위)이고 다른 하나는 근대의 과도기 안의 세부적인 또 하나의 시대인 좁은 의미의 과도기(아래)다. 말하자면 과도기(1885~1910)/ 식민지기(1910~1945)/ 해방 분단 전쟁기(1945~1953)의 과도기(위)는 과도기 2 다. 한국 사람(남한인) 조선 사람(북한인)과 더불어 디아스포라 동포(25 a 10)도 한반도 3조(위)의 역사를 공유하는 집단인데 재미 한인/ 재일 교포/ 조선족/ 고려인 이 그들이다.

한국 사람 은 또 다른 의미가 있다. 그 어휘는 현대 남한(대한민국)의 남한인(South Koreans) 뿐만이 아니라 다른 집단도 그 범주에 들어가기 때문이다. 이른바 한국 사람 2(25 a 3)다. 예를 들면 현대의 탈북민(위)도 넓은 의미의 한국 사람(Koreans)이고 디아스포라 동포(위)인 재미 한인/ 재일 교포/ 조선족/ 고려인 도 한국 사람(ethnic Koreans)이고 심지어는 북한(조선민주주의인민공화국)의 북한인(North Koreans)도 한국 사람의 범주에 들어간다. 말하자면 한국 사람 은 남한의 남한인 이란 좁은 의미 뿐 아니라 남한인/ 북한인/ 디아스포라 동포와 그 이전의 한반도 3조(위)의 사람과 한반도 3조에서 나간 디아스포라 비 동포(부록 2) 까지 포함하는 넓은 의미가 있고 그것이 이른바 한국 사람 2(위)인데 그것은 조선 사람 2 와 의미가 거의 같다(아래).

"한국인의 기원"(박정재 2024) "한국인의 발자취"(김병모 1992)의 한국인(한국 사람)은 현대 남한의 남한인(위) 만을 지칭하는 용어가 아니라 현대 북한의 북한인(위)을 포함한 개념이다. 그 뿐 아니라 바로 위에서 말하는 여러 집단이 포함되는 개념이다. "조선 사람의 기원"(장우진 1989)의 조선 사람 도 비슷하다. 그 조선 사람은 위의 "한국인의 기원" "한국인의 발자취"의 한국인(한국 사람)과 거의 흡사한 의미라 할 만하다. 말하자면 그 조선 사람(조선 사람 2)은 북한의 북한인 만을 의미하는 것이 아니다. 그것은 북한의 북한인 뿐만 아니라 남한의 남한인과 위에서 말하는 여러 집단을 포함한 의미라고 보아야 한다.

결국 한국 사람 2 는 조선 사람 2 와 거의 같은 의미다. 무슨 마법이 아니다. 예를 들면 일본에서 나온 "조선사상전사"(Ogura 2017)는 현대 북한의 사상 뿐 아니라 현대 남한의 사상도 다룬다. 그것이 다가 아니다. 그 위의 고려/ 조선 양조의 사상도 다루고 그 위의 시대(이른바 3국)의 사상도 다룬다. 그래서 "조선사상전사"는 "한국사상전사"와 거의 같은 의미다. “조선사상전사” 또는 “한국사상전사”의 연구 대상이 되는 것은 조선 사람(북한인) 또는 한국 사람(남한인)을 넘어서 조선 사람 2 또는 한국 사람 2 에 해당하는 모든 사람이 사유한 사상이다. 한국 사람 2 또는 조선 사람 2 의 그 사람들은 역사 공동체 ‘한국’ 또는 ‘조선’을 전제한다고 해도 크게 틀리지 않는다.

그렇다고 한다면 한국 사람 2 또는 조선 사람 2 와 관련 있는 어휘인 한국 민족/ 한국사/ 한국어 와 조선 민족/ 조선사/ 조선어는 거의 같은 개념이라고 해야 한다. 특히 한국 민족과 조선 민족은 거의 의미가 같고 한국어와 조선어도 거의 의미가 같다. 위에서 본 바처럼 “조선사상전사”는 “한국사상전사”과 거의 의미가 같고 중국 철학/ 한국 철학/ 인도 철학(“재회” 부록 3)의 한국 철학 도 조선 철학 과 거의 같은 의미다. 다만 한국사와 조선사도 기본적으로 같은 의미이긴 하지만 남한과 북한이 서로 다른 역사를 구성하기 때문에 그 내용이 같을 수는 없다(그 문제에 관해서는 2025, part 4 역사 만들기 에서 자세한 설명이 나온다).

한국 한국인

기원(위)이란 주제를 걸고 나온 8권의 책(2018, 2019, 2020 a, 2020 b, 2021 a, 2021 b, 2021 c, 2023)도 그 사이에 여러 가지 다른 주제가 언급되고 그것이 부록 또는 보론 의 형식으로 제시되기도 한다. 그 뿐 아니라 또 한편으로는 그러한 주제를 다시 묶어서 "한민족과 북방 북국"(2022) "3국, 3조선, 북방을 넘어서서"(2024 a) "한반도 국가의 정치 군사적 조건"(2024 b)이란 책으로 출간하기도 한다. 그러한 여러 저작의 저술 과정을 통해서 다섯 부분(5 parts) 총 50장(chapters)으로 이루어진 "한국 사람"(2025)이란 책이 나온다. 말하자면 그 책은 오랜 기간의 탐구와 사유를 통해서 이루어진 것이고 그것은 일종의 한국 한국인 논(아래)이라 할 수도 있다.

여하튼 그 책(2025)은 part 1 한국 사람/ part 2 민족/ part 3 대 북국 대 중국 논/ part 4 역사 만들기/ part 5 기원 문제로 되어 있고 1~50장(본문)의 내용이 나뉘어 배치되어 있다. 그 외에도 본문(위)에서 상세히 다루지 못한 소 주제는 '보론'

에서 따로 10개의 글로 묶어서 싣는다. 권말의 '참고문헌'에는 학설사적 가치가 있는 주요 저작만을 엄선해서 싣고 왠만한 수준의 저작은 모두 빼는 방향으로 차별화한다. 또한 '용어와 색인'도 60여쪽에 걸쳐 1200개의 주요 개념이 수록되어 있다. 그 가운데 part 1 한국 사람(9개의 장으로 되어 있다)에서 한국 사람(위)에 대한 정의를 시도한다는 것은 바로 위에서 언급한 바와 같다(바로 그 부분이 전체 책의 제목으로 올라간다).

"한국 사람"은 광범위한 영역에 걸쳐서 논의가 진행되는 만큼 자료적 가치는 매우 뛰어나지만 핵심 논의가 집약적으로 전달되는 데는 약간의 어려움이 없지 않을 듯하다(아래). 그래서 출판사 서평(저자의 의도가 가장 많이 들어간 글이다)에서는 part 1 한국 사람(위)을 먼저 읽고 나서 독자들의 관심에 따라서 나머지 네 부분 가운데 어느 하나를 먼저 읽어도 좋다 는 안내를 한 바 있다. 예를 들어 한국 사람(위)과 관련해서 민족집단 쪽에 관심이 있는 사람은 part 2 민족 을/ 역사에 관심이 있는 사람은 part 4 역사 만들기 를/ 기원에 관심이 있는 사람은 part 5 기원 문제 를 먼저 읽고 그 다음에 다른 부분을 천

천히 읽어도 상관이 없다는 말이다.

그렇지만 part 1 을 제외한 다른 네 부분 가운데 단 하나 만을 읽는다고 한다면 나는 단연코 민족/ 역사/ 기원(위) 보다는 part 3 대 북국 대 중국 논(아래)을 읽어보라고 권유할 것이다. 왜냐하면 현재의 한국 사람(위)을 만든 가장 결정적인 요인은 다름 아닌 한반도 국가의 대 북국/ 대 중국의 정치 군사적 조건 이라고 보기 때문이다. 그래서 "한국 사람"(2025)을 출간하기 한 해 전에 미리 그 부분을 한 권의 책으로 발표한다. 바로 "한반도 국가의 정치 군사적 조건"(The Korean Peninsula, 676~1885)(2024 b)이다. 예외적으로 정치 군사 라는 용어를 제목으로 달고 나온 그 책은 교보 광화문점의 안보 군사 코너에 꽂히는데 매월 1권씩은 팔리는 나의 스테디셀러다.

한국 한국인 논(위)의 한국 한국인 은 더 정확하게 표기하자면 '한국' 한국인 이다. 말하자면 앞의 한국 은 인용 부호 안에 들어가 있다. 그것은 역사 공동체 '한국'을 전제하는 용어이기 때문이다. 예를 들면 동 아시아 지역에는 각각 중국 대륙의 역사 공동체 '중국'의 중국인/ 일본 열도의 역사 공동체 '일본'의 일본인/ 몽골 고원의 역사 공동체 '몽골'의 몽골인이란 집단이 있다. '한국' 한국인 은 다른 지역의 '중국' 중국인/ '일본' 일본인/ '몽골' 몽골인과 같은 용법이다. 다만 중국 대륙은 한족(25 a 26)이 다수 민족이고 '중국' 중국인은 통상 한족을 말한다. 신 중국(2025, 7장)은 상당 기간 다원일체(Fei, 1988)(費孝通集)의 새로운 정체성을 확립하기 위해서 공작을 한 바 있다.

물론 동 아시아 지역에는 다른 여러 역사 공동체(위)가 있지만 하나의 지역을 확보하고 현재까지 국가를 유지하고 있는 집단은 그다지 많지 않다. 외신에서도 가끔씩 언급되는 티베트(장족)와 신강(위구르족)이 대표적이다. 역사적으로 역사 공동체 티베트와 위구르(동 투르키스탄 이라 불리기도 하는데 신강이란 명칭은 북국 제국 청이 붙인 이름이다)는 상당 기간 국가를 유지하고 있었지만 현재는 신 중국(중화인민공화국)의 한 부분으로 편입되어 서장 자치구와 신강 위구르 자치구로 편제되어 있다(25 a 7). 터키와 이라크 등지에 흩어져 살고 있는 쿠르드

족도 역사 공동체를 유지한 집단이지만 현재 국가를 구성하고 있지 않다. 물론 그 외의 더 작은 집단도 많이 있다.

"한국 사람"(2025)이란 책이 일종의 한국 한국인 논(위)이라면 좀더 평이한 방식으로 전달이 될 필요가 있을 듯하다. 위에서 말한 바처럼 그 책은 그 주제에 관하여 광범위한 영역에 걸쳐서 논의가 진행되어 그것이 집약적으로 전달되기에는 무언가 아쉬움이 있기 때문이다. 그래서 주요 논의를 간략하게 제시하는 축약본(아래)이 필요하다는 생각이다. 그러한 형식의 책은 당연히 한국 사람(남한인)뿐만이 아니라 그 이상인 한국 사람 2(조선 사람 2)(위)를 모두 다루는 방식이 더 바람직할 듯하다. 더 구체적으로는 '한국 한국인의 역사'라는 방식도 효과적일 수 있을 것 같다. "한국 사람"의 속편이라 할 수도 있는 그 축약본은 현재 준비 중이다.

그 축약본(위)은 대략 영어로는 *A Brief History of Koreans*에 해당하고 일어로는 "朝鮮民族略史"에 해당하는 내용을 담는 방향으로 쓰여질 예정이다. 외국어를 먼저 끌어 들여서 그렇기는 하나 우리 말로 상당히 혼동되는 논의는 외국어로 표현해 보면 그 의미가 분명해지는 경우가 적지 않다. 한국 사람 이란 용어가 매우 복잡하게 사용되고 있기 때문에(위) 일단 그 용어를 다른 용어로 대체하는 과정이 필요하고 그 때는 외국어가 중립적인 역할을 할 수 있기 때문이다. 한국 이란 용어가 다의적으로 사용될 때는 적어도 조선 이란 용어로 바꾸어 보는 것도 한 방편이 될 수 있다. 위의 "조선민족약사"의 조선은 "조선사상전사"(위)의 조선과 비슷한 의미인데 말하자면 그것은 "한국민족약사"와 의미가 같다.

부록 2

역사 공부

나는 이미 한 전공에서 다른 전공으로 옮겨간 경험이 있는 데다 어학 방면의 뒷받침도 어느 정도 되는 편이라 역사 공부(위)는 비교적 어렵지 않게 진행이 된다. 그런데 단순히 역사를 공부한다는 것과 역사를 공부해서 업적이 나온다는 것은 완전히 다른 문제다. 물론 그냥 독서의 차원에서 역사서를 읽는다는 것과 도 다르다. 아무튼 나는 이미 인문학 쪽에서 상당한 수련을 받은 연구 인력이라 기본적인 스킬은 갖추고 있다고 할 수는 있다. 그렇지만 그것만 가지고는 소기의 목적을 달성할 수 없다는 것은 분명하다. 그 이상의 무엇이 필요하다. 그것은 인문학 일반에 대한 이해와 어학 능력 외의 방법 또는 전략(위)이라 할 만한데 이하에서 조금 언급해 보려고 한다.

방법 또는 전략

다행히도 나는 학부에서 중국 문학을 공부할 때 당시 교실(랩)의 장(지도교수) 덕분에 몇 가지 핵심적인 전략은 숙지한다. 그래서인지 내가 외부에서 K대 대학원("재회" 부록 3)에 들어가서 같은 랩 또는 이웃 랩의 인원들과 학문적인 미래와 비전을 이야기할 때는 그다지 밀리지 않았다. 물론 학부에서 철학을 전공하지 않은 한계는 분명 존재하고 특히 서양철학을 공부한 것도 일천해서 고전한 것은 맞지만 그런대로 그 집단 특히 같은 랩 안에서는 그런대로 전략 부분에서는 좀 발언하는 편이었다. 그리고 석사 과정을 거쳐서 박사 과정에 들어가서는 같은 랩의 후배들과 대화할 때 그 부분에 대해서 약간의 컨설팅 정도는 하는 수준이었던 것 같다.

다만 철학 쪽의 특성 상 뭔가 사변(思辨)적인 이야기를 해야 하는 분위기가 있었다. 물론 사변적인 기술이 능하면 여러 층차에 있어서 도움이 되는 부분이 있다는 것은 맞다. 만일 내가 그 부분을 좋아하고 그 재주가 있었다면 그것을 활용해서 아마 일찌감치 연구 대열에서 이탈해서 대중 강사 가 되어 있을지도 모른다(아래). 불행인지 다행인지 나는 계속해서 학문의 영역에 머무른다. 다른 지역의 지역학도 그렇지만 동 아시아 지역학도 기초가 중요한데 특히 고전 문헌에 대한 철저한 이해가 없이 사변적인 데로 흐르면 그 결과는 거의 예견이 된다. 고전 문헌에 대한 깊은 이해가 있어야 학문적으로 제대로 된 이론이 나올 수도 있고 대중적인 차원에서도 매우 수준 높은 글이 나올 수도 있다.

우선 내가 구사하는 방법 가운데 하나는 이른바 다 학문적(multi-discipline)적인 접근 방법이다. 딱히 방법론이라 할 것은 없지만 제3의 주제를 공략할 때는 상당히 유효하다. 여러 분야에서 접근할 경우 확실히 이론의 빌드업 수준이 올라갈 수밖에 없다. 역사 쪽의 저작을 쓰기 전 여러 가지 자료를 섭렵할 때 나는 고고학/ 인류학/ 유전학(아래) 등의 자료를 닥치는 대로 훑은 적이 때문에 그 깊이와는 상관없이 언급하고 사유할 수 있는 범위는 상대적으로 넓은 편이다. 산술적으로 봐서도 나는 우여곡절 끝에 인문학의 주요 분야인 문학/ 사학/ 철학을 한바퀴 돌았기 때문에 그 동안 보고 들은 것만 해도 지식의 범위가 상당하다 할 수 있다.

다 학문적인 접근 방법은 이미 교양과목 강의를 하면서 시도한 부분이기도 하다. 조동일 선생은 정년 전후한 시기 언론 인터뷰에서 학문하는 방법에 대해서 여러 차례 언급한 바 있다. 되도록이면 '넓고 깊게' 파야 한다는 요지인데 기하학 용어를 빌어 밑변을 되도록 넓히고 꼭지점을 되도록 높이라 는 식으로 권유한 바 있다. 당연히 그러한 '넓고 깊게'란 것은 다학문적(위)인 접근 방법이 포함이 될 것이다. 토인비도 말년에 후배 학자들에게 어느 순간까지는 글을 쓰지 말고 자료를 최대한 섭렵해야 한다고 한 적이 있다(아주 오래 전 "독서신문"에서 읽은 것이다). 그리고 '나무를 보지 말고 숲을 보라'는 조언도 하는데 그런 과정 속에서도 전체를 보는 시각은 유지해야 하기 때문이다.

다른 하나의 방법은 구조적 이해다. 프랑스 현대 철학의 구조주의와는 상관없이 고전학에서 어떤 텍스트를 구조적으로 이해한다는 것은 기본적인 사항에 속한다고 할 수 있다. 예를 들어 장자의 "장자"란 텍스트는 내편과 외/ 잡편의 성격이 다르고 내편(소요유/ 제물론 이 핵심이다)은 장자 당시의 오리지널한 사유에 가깝고 외/ 잡편은 이후 그 학파의 여러 사람들이

쓴 글을 모은 것이란 건 기본이다. 이른바 도가 또는 노장 사상에 속하는 여러 문헌들을 시대에 따라 또는 지역에 따라 다른 방식으로 구분해서 이해하는 것은 너무나 당연한 일이다. 노자의 “도덕경”도 왕필 이래의 “도덕경”과 백서노자의 “덕도경”은 맥락이 좀 다르다고 보고 접근해야 한다.

박사 과정 수료 이후에 준비한 박사논문도 노자 텍스트를 구조적으로 이해하는 것인데 81개의 장 가운데 수십 개 장이 어떤 유사한 방식의 구조를 가진다는 것을 분석한 것이다. 거기에 대해서는 몇 편의 논문을 쓰지만 그것을 종합하기 전에 그 업계에서 퇴각하게 된 사연은 여러 번 말한 바와 같다. 그 아이디어는 이후 다른 연구자에 의해서 보완된 형태로 발전된 듯하다. 여하튼 나는 일단 대상을 해체한 다음에 재 구성하는 기술은 좀 있는 편이다. 그래서 기업을 사냥하고 해체해서 팔아먹는 기업 사냥꾼만큼은 아니지만 여하튼 해체에는 좀 노하우가 있는 편이고 더 나아가서 해체와 재 구성 이란 것에도 상당한 경험을 갖고 있다.

또 다른 하나의 방법은 별로 드러난 것은 아니고 그렇다고 드러내기도 좀 그런 것이다. 간단히 말하면 의도적인 물량전이다. 비록 많은 자료를 보고 넓게 사고를 한다 해도(위) 그것이 머리 속에서만 머무른다면 업적이 나올 수 없다. 일단 논문 수준이 아니라 책으로 내고, 그 지점에서 보이는 부분을 다시 책으로 내고, 또 그 지점에서 보이는 부분을 다시 책으로 내는 방식이 요구된다. 그래서 보이는 부분을 죄다 확인하고 다시 틀을 짜는 과정이 필요하다. 현실적으로 그것이 허락되는 것은 몇몇 메이저 대학에서 한 분야를 책임지고 있는 학자(이전 용어로는 교실 또는 랩의 장) 정도의 위상이 되어야 가능하다. 그 외 인원들은 수단 방법 가리지 말고 머리 속에서 밖으로 꺼낼 수 있는 계기를 적극 찾아야 한다.

만일 그렇지 않으면 대부분의 교수(정규직)들처럼 논문 십몇 편 또는 공동 저작(무슨 이유인지 그게 유행이다)의 한 부분을 여러 편 쓰고 나서 학문적 수명을 다하는 경우가 많다. 연구교수들은 더 심각하다. 연구단이 그럴싸한 기획을 해서 프로젝트를 따내고 연구교수들이 그 한 부분을 쓰는 경우가 대

부분이기 때문이다. 그 결과 부속품 역할을 하다가 더 이상의 깊이 있는 개인의 연구를 아예 해보지도 못하고 학문 생활을 마감하는 경우가 많다. 나는 그 과정이 어떻든 간에 4000쪽에 달하는 발표를 통해서 학문적 성장을 한 것은 분명한 사실이고 그 결과인 12권의 책(부록 1)은 단계 단계마다 양/ 질 전화(轉化)한 측면이 없지 않다고 본다. 모든 전쟁은 엄청난 돈을 요구한다. 이 쪽도 물론 예외는 없다.

여담으로 나는 잡기(아래)에는 약한 편이다. 여기서 잡기는 비 학문적인 분야의 다양한 기술을 말하는데 예를 들면 소설, 시, 만화와 음악, 미술, 영화, 사진 등등을 말한다. 나는 원래 독서를 좋아하지 않는 편(참으로 부끄러운 말이다)이라 소설, 시, 만화 등에 좀 약한 편이고 나머지도 그렇다. 그래서 나는 애초부터 잡글을 쓴다 거나 또는 대중을 호리는 대중 강사가 되기에는 불리한 점이 많았다. 어쩌면 그러한 잡기가 없었기 때문에 연구자의 대열에서 이탈하지 않고 아직까지 이 분야에 머무르고 있을 지도 모른다. 항상 나쁜 것은 없을 지도 모른다. 상황에 따라서는 나쁜 것도 좋은 것이 될 수 있고 좋은 것도 나쁜 것이 될 수 있으니까…….

그렇다고 해서 거의 컴맹 수준인 내가 IT 또는 AI 쪽에 강할 수도 없다. 다만 이전에 잠깐 SNS에 발 담글 때(딸 아이 육아 때다) 습득한 캡처(아래)를 나름 활용하는 정도가 기술이라면 기술이다. 구글 등에서 알고리즘으로 찾아 주는 자료는 캡처해서 갤러리에 보관하고(폰 분실 우려 때문에 클라우드에 넣는 방법도 어렵게 습득한다) 정기적으로 그 가운데서 자료 가치가 큰 것은 위로 뽑아 올린다(프로 야구 구단에서 2군 선수를 1군으로 콜업 하는 것과 비슷하다). 그 방법은 특히 고고학/ 인류학/ 유전학(아래)의 최신 이론이 나와서 언론에 소개된 것을 바로 접하는 데는 탁월한 효용을 자랑한다. 또한 AI 는 별로 의식하지 않는다. 적어도 나는 내 분야에서 시간적으로 AI 보다는 조금 앞서 가기 때문이다.

나의 역사 저술 과정의 11권 더하기 1권의 책(부록 1)에는 어떤 드러나지 않는 기획이 들어가 있다. 그것은 이전의 역사 기획(3국/ 3조선/ 북방 등이 대표적이다, 2024 a; 북한 조선사 의 남

북국 도 그에 못지 않은 교묘한 기획이다, 25 a 34)에 대항해서 기존의 지배적인 역사 서사(심재훈, 각종 언론)를 무너뜨리고 다른 역사 체계를 세우겠다는 기획이 들어가기 때문이다. 물론 그 다른 체계는 내가 처음으로 개발한 것은 아니지만 그 동안 학계에서 조금씩 진행되어 온 흐름을 나 나름대로 보강하고 강화하는 방식이라 할 수 있다. 기존의 역사 서사(위)를 해체하려면(2025, part 4) 상당한 노하우가 필요하다는 것은 말할 나위도 없다. 그리고 해체 후에 다시 재 구성하는 기술도 필요하다. 더 큰 기획 은 아직 진행 중이다.

민족 집단

나의 역사 공부(위)는 한국 한국인(부록 1) 논으로 귀결되는데 그 시작은 민족 집단(아래)에 대한 관심이다. 이전에 TV(아래)의 오지 여행 프로그램과 다큐멘터리를 거의 빠짐없이 보던 나는 학계 퇴각 이후의 배낭 여행 경험을 통해서 지구 상의 여러 지역의 민족 집단에 대한 관심이 한층 높아진다.

2000년대에 와서는 *Human* (Winston 2004) 등의 책에서도 여러 가지 정보를 얻는다. 통상 TV에는 근대에 한반도 밖으로 이산한 디아스포라 동포(25 a 10)도 많이 다루어진다. 재미 한인/ 재일 교포/ 조선족/ 고려인 은 물론이고 사할린 동포(재일 조선인이 사할린 지역으로 강제 이주 당한 경우인데 고려인 과는 다르다)도 나온다. 그 외에도 북방의 민족 집단(25 a 20, 23, 46, 47, 48)에 대해서도 각종 언론의 관심이 높은 편이다. 중국의 한족(25 a 26)도 한반도와 관련해서 중요한 집단이다.

2018년 첫 책에도 다양한 민족 집단(위, 아래)과 그 분류(아래)가 들어가 있고 그 이후의 후속 저작에서도 꾸준히 민족 집단 분류를 계속해 왔다. 예를 들면 양계(25 a 31) 지역의 민족 집단과 관련해서 이른 시기의 예계/ 맥계 집단을 포함한 예맥계 집단에 관해서도 여러 가지 집단 분류를 한다. 요녕계(대략 이른바 철기 저온기의 청동기 집단에 해당한다, 발해연안 에서 기원하는 그 집단은 조선 이란 이름의 정치체로 잘 알려져 있다) 부여계(25 a 48)는 말할 것도 없고 '예 맥 또는 예맥'(25 a 35 ; 25 á 4)이란 예맥계의 잔여 집단도 있다. 마지막의 그 집단은 이미 선덕여왕 때 이민족으로 간주되고(황룡사 9층탑의 각 층은 당시 신라를 위협하는 이민족을 의미하는데 예맥 도 그 한 층을 이룬다, "삼국유사" '기이제일' '탑상제사') 고려조 전기에는 말갈("삼국사기" "여유당전서")이라 호칭되기도 한다.

한반도에서 다른 지역으로 나가는 디아스포라 집단에 대해서도 여러가지로 분류를 한다. 근대의 디아스포라 동포(재미한인/ 재일 교포/ 조선족/ 고려인)(위) 뿐 아니라 그 이전에 그 외부로 나간 집단인 디아스포라 비 동포(산동 반도 신라방의 신라인/ 대도 심양의 고려인/ 심양의 조선인)가 그것이다. 비 동포 란 용어는 동포가 아니라는 의미라 기보다는 근대의 디아스포라 동포(위)와는 구분되는 집단이란 의미다. 또한 한반도 현대의 2국가에서 나간 디아스포라 한국 사람/ 디아스포라 조선 사람(25 a 11)이란 용어도 제시한다. 탈북민(김신조, 황장엽 등)은 디아스포라 조선 사람(위)에 해당하는데 이북 사람(김형석, 김동길 등)과는 다른 집단이다. 왜냐하면 같은 한반도 북부(양계) 출신이긴 하지만 이북 사람은 1953년 이래 남한(대한민국)에서 자본주의적 현대화를 겪은 집단이기 때문이다.

또한 한반도 현대의 2국가 가운데 하나인 남한(대한민국)의 서울 사람("재회" 부록 3)에 대해서도 집단 분류를 하는데(그 내용은 아직 발표하지 않은 것이다) 그 책에서 간략하게 소개가 된다. 그 가운데 하나가 위에서 설명한 이북 사람(위)이다. 얼마 전에 나온 이른바 한국 사람 만들기 논(아래)도 일종의 집단 분류 라 할 수 있다. 다만 "한국 사람 만들기"(함재봉 2017)란 책의 한국 사람(한국인)은 정확히 말해서 근대인(아래)이다. 다른 예를 들자면 "한국인의 탄생"(최정운 2013)의 근대인에 해당한다("한국인의 발견" 최정운 2016 의 한국인 은 다르다). 말하자면 함재봉의 그것은 한반도 지역 근대(1885~1953)의 근대인에 대한 집단 분류에 해당한다. 결국 그 책은 처음부터 방향을 상실하고 관성에 의해서 계속 후속 책이 나오는 방향으로 진행이 된다.

이상의 민족 집단(위)에 관한 연구는 당연히 여러 가지 다른 학문 분야와 연결이 되어 있다. 특히 이전의 민족학(아래)은 물론이고 최근의 인류학(아래) 또는 유전학(아래)이 그렇다. 그리고 현재의 집단이 아니라 과거의 집단의 경우에는 고고학(아래)의 도움을 받아야 하는 경우도 많이 있다(부록 1, 기원 이론). 말하자면 어떤 한 민족 집단에 대해서 언급할 때는 여러 가지 분야에 걸친 다 학문적인 접근이 훨씬 더 효과적이라는 것은 말할 필요가 없다. 물론 넓은 의미에서의 역사 에 대한 이해는 필수적이다. 여기서는 민족학과 인류학/ 유전학에 대해서 주로 설명한다.

근대 유럽의 식민지 개척과 더불어 지구 상의 각 지역(위)에 도달한 유럽인들은 각지의 민족 집단에 관해서 기술하고 분석한다. 이른바 민족지(民族志)의 민족학적인 방법인 셈이다. 유라시아 대륙도 시베리아(25 a 46) 지역은 러시아인이 그 지역으로 들어가면서 여러 가지 논의가 진행된다. 구 시베리아/ 신 시베리아 란 집단 분류도 그러한 과정과 관련이 있다. 알타이언어 사용 집단(TMT)에 속한다는 퉁구스(T)는 신 시베리아족으로 분류되고 길랴크(니브흐), 축치, 코랴크 등의 집단은 구 시베리아족 이란 범주로 분류한다. 고 아시아족 이란 분류도 있는데(25 á 3) 원래 언어학자들의 대략적인 분류 가설에서 시작한 그 용어는 한국 민족(조선 민족)의 기원 이란 주제와 관련해서 여러가지 혼란을 야기한다.

물론 고대/ 중세에서도 중심 지역의 집단이 주변 지역의 민족 집단에 관한 기록을 남긴다. 구 중국(25 a 24~30)도 마찬가지다. 이른바 중원(또는 중국 中國)에서 그 외부로 영역이 확장되면서 점차로 이른바 4이(아래)란 개념이 성립하고 동이/ 북적/ 서융/ 남만 의 범주로 주변 집단을 기술하고 열전에 올린다. "구당서"('동이북적전') "신당서"('동이전') "구오대사"('외국열전') "신오대사"('사이부록')에는 한반도의 민족 집단이 나온다. 그 이전에도 "사기"('서남이양월조선전') "한서"('동이전') "삼국지"('오환선비동이전')에도 동이 란 범주로 분류되는 한반도 지역의 민족 집단에 관한 기록이 나온다. 특히 한반도 중남부 3한 지역(아래)에 관한 기록은 "삼국지"(위, 동이전 그 가운데서도 한전)의 기록이 유명하다.

인류학(위)은 근 현대에 와서 자리 잡는 학문 분야인데 현재 상당한 영향력을 행사한다. 영국 대학의 교양강의에서도 상당히 중요한 부분을 차지하는데 한국 학자가 그 분야에서 두각을 나타내기도 한다(캠브리지대 교수를 거쳐서 영국 학술원 회원이 되는 권헌익 은 주로 동 아시아 지역을 인류학적으로 연구한다).

이전에는 개론서에서 인류학이 문화 인류학/ 형질 인류학 으로 나뉘는데 요즘은 다양한 분야와 관련해서 여러 가지 더 세부적인 부문으로 나뉘기도 한다. 고 인류학(이상희 의 "인류의 기원" 2015, "인류의 진화", 2023 가 최근의 연구 추세를 잘 설명하고 있다)도 눈부시게 발전하는데 최근에는 그 간의 연구 성과(리키 시대의 호모 하빌리스 정도가 아니다)가 잘 반영된 책("인류의 기원과 진화", 이선복 2024)도 나온다.

유전학은 현대 과학의 여러 분야 가운데서도 촉망받는 존재이기도 한데 특히 분자 유전학 이후로 유전자가 민족 집단(위) 연구에서 중요한 요소로 작용한다. 그래서 나의 첫번째 저작(2018)에서도 그 부분이 상당히 많이 반영되어 있다. 그 이후로 여러 책이 나오는 과정에서도 어김없이 유전자 관련 부분이 언급된다. 특히 2000년대로 접어들면서 유전학 방면 연구자 가운데 일부가 한반도의 민족 집단(25 a 15)에 대해서 발언하고 나름의 이론을 내놓는데 나는 상대적으로 지면이 많은 편이라 새로운 가설이 나올 때마다 바로바로 입장을 표명한다. "한민족과 북방 기원"(2021 b)의 두번째 부분(유전자)/

"한민족에 대한 우리의 인식"(2023)의 4장(2중 기원론)/ "한국 사람"의 보론 2(선/ 후 남방계설), 보론 4(가야인의 유전체) 등이 대표적이다.

참고문헌

"상서대전"(권2)

"사기"(권38)

"한서"(권95)

"삼국지"(권30)

"후한서"(권85)

"해동고승전"(1215)

"삼국사기"('신라본기')

"삼국유사"('기이제일')

"제왕운기"('동국군왕세계연대')

"대월사기전서"(1479)

"동국통감"(1485)

"발해고"(1784)

'사불허북국거상표'(최치원)

"한국민족문화백과대사전"(한국학중앙연구원)

1929, 신채호 1929, "조선사연구초", 조선도서주식회사.

1948, 신채호 1948, “조선상고사”, 종로서적.
1970, 김용섭 1970, “조선후기 농업사 연구” 1, 지식산업사.
1973, 김정배 1973, “한국 민족문화의 기원”, 고려대학교 출판부.
1973~78, 국사편찬위원회, “한국사”(23권).
1983, 최재석 1983, “한국 가족제도사 연구”, 일지사.
1989, 장우진 1989, “조선 사람의 기원”, 사회과학출판사(평양).
1990, 김영하 1990, ‘후기 신라와 발해의 성립’, “북한의 한국사 인식” 1, 한길사.
1992, 김병모 1992, “한국인의 발자취”, 집문당.
1994, 노혁진 1994, ‘한국 선사문화 형성 과정의 시대 구분’, “한국 상고사 학보”, 15.
1994, 윤내현 1994, “고조선 연구” 상/ 하, 일지사.
1996, 노혁진 1996, ‘청동기시대’, “한국 민족의 기원과 형성” 상, 소화.
1996, 박명림 1996, “한국 전쟁의 발발과 기원” 1/ 2, 나남.
1996, 성백인 1996, ‘한국어 계통 연구의 현황과 과제’, “한

국 민족의 기원과 형성” 하, 소화.
1999, 이기백 1999, “한국사 신론”, 일조각.
2001, 이성시 2001, “만들어진 고대”, 삼인.
2002, 박명림 2002, “한국 1950, 전쟁과 평화”, 나남.
2002, 이종욱 2002, “신라의 역사” 1, 김영사.
2003, 윤해동 2003, “식민지의 회색지대”, 역사비평사.
2004, 김한규 2004, “요동사”, 문학과지성사.
2004, 이영훈 외 2004, “수량 경제사로 다시 본 조선 후기”, 서울대학교출판부.
2006, 김영하 2006, ‘신라 통일론과 남 북국 성립론’, “한국 고대사 입문” 3, 김정배 편저, 신서원.
2006, 김정배 2006, ‘한국 민족의 기원과 형성’, “한국 고대사 입문” 1, 신서원.
2006, 박명림 외 2006, “해방 전후사의 인식” 6(초판 1989), 한길사.
2006, 박지향 외 2006, “해방 전후사의 재인식”, 책세상.
2007, 이영훈 2007, “대한민국 이야기”, 기파랑.
2008, 김주원 외 2008, “사라져 가는 알타이 언어를 찾아

서", 태학사.
2008, 니시지마 이성시 2008, "일본의 고대사 인식", 역사비평사.
2009, 노태돈 2009 b, "한국 고대사의 이론과 쟁점", 집문당.
2009, 윤해동 2009, '숨은 신을 비판할 수 있는가?', "역사학의 세기", 휴머니스트.
2009, 이삼성 2009 a, b "동 아시아의 전쟁과 평화" 1, 2 한길사.
2009, 이성시 2009, '고대 동아시아 세계론을 다시 생각한다', "역사학의 세기", 휴머니스트.
2010, 박찬승 2010, "민족 민족주의", 소화.
2010, 정광 2010, "역주 원본 노걸대", 박문사.
2010, 조동일 2010, "동아시아 문명론", 지식산업사.
2011, 백낙청 2011, "민족문학과 세계문학" 1, 창비.
2013, 권헌익 정병호 2013, "극장국가 북한", 창비.
2014, 정영훈 외 2014, "한국의 민주주의와 탈 민주주의", 한국학중앙연구원 출판부.
2015, 김시덕 2015, "동아시아, 해양과 대륙이 맞서다", 메디

치미디어.

2016, 김호동 2016, "아틀라스 중앙유라시아사", 사계절출판사.

2016, 이영훈 2016, "한국경제사" 1, 일조각.

2017, 정영훈 외 2017, "한민족 공동체 연구", 한국학중앙연구원 출판부.

2017, 함재봉 2017, "한국 사람 만들기" 1, 아산서원.

2018, 손동완 2018, "한민족의 기원 연구", 바른북스.

2018, 유인선 2018, "베트남의 역사", 이산.

2018, 이삼성 2018, "한반도의 전쟁과 평화", 한길사.

2019, 김자현 2019, "임진전쟁과 민족의 탄생", 너머북스.

2019, 이성시 2019, "투쟁으로서의 고대사", 삼인.

2019, 이영훈 외 2019, "반일 종족주의", 미래사.

2020, 이영훈 외 2020, "반일 종족주의와의 투쟁", 미래사.

2022, 백낙청 2022 a b, "민족문학의 새 단계", "민족문학의 현 단계", 창비.

2022, 윤해동 2022, "식민국가와 대칭국가", 소명출판.

2023, 손동완 2023, "한민족에 대한 우리의 인식", 바른북스.

2023, 이상희 2023, "인류의 진화", 동아시아.

2024, 김시덕 2024, “한국 도시의 미래”, 포레스트북스.

2024, 박정재 2024, “한국인의 기원”, 바다출판사.

2025, 박훈 2025, “한국인의 눈으로 본 근대 일본의 역사”, 어크로스.

2025, 손동완 2025, “한국 사람”, 바른북스.

1930, Fugida 1930, ‘櫛木紋土器の分布に就きて’, “靑丘學叢” 2.

1983, Nishizima 1983, “中國古代國家と東アジア世界”, 東京大學出版會.

1995, Deuchler 1995, *The Confucian Transformation of Korea*, Cambridge: Harvard University Press.

1998, Lee 1998(李成市), “古代東亞細亞の民族と國家”, 岩波書店.

2000, Duncan 2000, *The Origins of the Choson Dynasty*, Seattle: University of Washington Press.

2000, Pai 2000(배형일), *Constructing Korean Origins*, Cambridge: Harvard University Press.

2004, Winston 2004, *Human*, London: Dorling Kindersley

Limited.

2011, Larsen 2011, *Tradition, Treaties, and Trade*, Cambridge: Harvard University Press.

2011, Lee & Hasegawa 2011, 'Bayesian phylogenetic analysis supports an agricultural origin of Japonic languages', *Proceedings: Biological Sciences*, 278(1725)

2015, Deuchler 2015, *Under the Ancestors' Eyes*, Cambridge: Harvard University Press.

2017, Ogura 2017, "朝鮮思想全史", 筑摩書房.

2018, Lee 2018(李澤厚), *The Origins of Chinese Thought*, Leiden/ Boston: Brill.

2018, Wang 2018, *Remaking the Chinese Empire*, Ithaca: Cornell University Press.

2021, Cooke et al. 2021, 'Ancient genomics reveals tripartite origins of Japanese populations', *Science Advance*, 7(38): 15.

2022, Yi 2022(이선복), *Archaeology of Korea*, Seoul: Sahoipoungnon Academy.

색인

한국 한국인
약사

A Brief History of Koreans

초판 1쇄 발행 2026. 1. 24.

지은이 손동완
펴낸이 김병호
펴낸곳 주식회사 바른북스

편집진행 박하연
디자인 김효나
마케팅 송송이 박수진 박하연

등록 2019년 4월 3일 제2019-000040호
주소 서울시 성동구 연무장5길 9-16, 606호 (성수동 2가, 블루스톤타워)
대표전화 070-7857-9719 | **경영지원** 02-3409-9719 | **팩스** 070-7610-9820

•바른북스는 여러분의 다양한 아이디어와 원고 투고를 설레는 마음으로 기다리고 있습니다.

자비출판 투고 barunbooks21@naver.com
홈페이지 www.barunbooks.com | **유튜브** https://www.youtube.com/@Youtube_brTV
인스타그램 https://www.instagram.com/barunbooks7/ | **X(트위터)** https://x.com/barunbooks7
페이스북 facebook.com/barunbooks7 | **틱톡** https://www.tiktok.com/@barunbooks7

ISBN 979-11-7263-732-3 93910